Ich meine, wenn du die Möglichkeit hast, zu sprechen,
wenn man dich fragt, ein Plakat, ein Buch oder eine Zeitung
zu machen, dann ist das eine große Verantwortung.
Es gibt sehr viele Leute, denen das Wort versagt bleibt,
die niemals reden, die man niemals nach ihrer Meinung fragt.
In der Öffentlichkeit zu Worte kommen, bedeutet also eine
große Verantwortung, die man würdigen muss. In einer Welt,
wo wir von Zeichen bombardiert werden, ist es vielleicht auch
die Rolle von Gestaltenden, Antworten auf dieses
Bombardement zu geben, mit Bildern, die einen Sinn haben,
die das Auge reinigen, wie Roman Cieslewicz sagte.

(Siehe Seite 59)

```
Fax émis par : 0388570979          VIRGINIE L-                    21/10/99  15:42   Pg: 1/3
ERROR: syntaxerror
OFFENDING COMMAND: --nostringval--

STACK:

??nametype
```

VOUS ÊTES kennen - Sie au courant de ça das? ?

Inhalt

5	Warum dieses Projekt
20	Grafik und Politik
25	Malte Martin
33	Les Graphistes Associés
43	fabrication maison
49	Salon de l'Ephémère
55	la fabrique d'images
59	Pascal Colrat
65	Nous Travaillons Ensemble
79	Le bar Floréal
85	Ne pas plier
97	Manfred Butzmann
103	Klaus Staeck
113	Linke Hände
121	Büro für Ungewöhnliche Maßnahmen
128	Impressum

Warum dieses Projekt

Engagement und Grafik - was soll das?

»Können wir nochmal über den Titel unseres Projektes reden?« ... »Ja – aber Engagement ist doch fast alles, ist doch auch die Callcenterfrau, die Abteilungsleiterin werden will, ist doch auch der Hacker, der Sicherheitsmängel für e-commerce aufzeigt, der Verkäufer, der die letzten schimmligen Bananen noch vor Feierabend lostreten will und nicht zuletzt die Einheit 23 der Berliner Bereitschaftspolizei, die mit viel Engagement den DemonstrantInnen die Köpfe massiert«... »Dann setzen wir halt vor Engagement
einfach noch politisches, damit ist die Richtung doch klar!« ... »Hhhmm, naja – aber einige von den Sachen, die wir in der Ausstellung haben, sind doch eher als soziales Engagement zu begreifen, oder?« ... »Dann wären wir also bei politisch/soziales Engagement und Grafik« ... »Politisch engagiert sind auch die Rechten!« – »Und wie ist das jetzt mit Design, das ist doch auch total schwammig, oder?« ... »Ja, Design ist auch wieder alles und nichts: vom Bauhaus über die Zahnbürste und die Kaffeemaschine, die Sonnenbrillen hin zum Auto, mal abgesehen von Gentech-Designern oder so!«... »Design sells!« ... »Und Grafik – das trifft es doch auch wieder nicht ganz, uns interessiert doch primär das Soziale, Kommunikative an den Sachen?« ... »Ja – keine Verpackung, kein Anstreichen oder Schönmachen und dass Grafik nicht Selbstzweck sein sollte, dass es sowas wie Verantwortung gibt, die Leute haben, die Gestaltung betreiben, die Bilder in diese Welt setzen« ... »Und wie nennen wir nun das Projekt?« ... »Hhhhmm, naja, jetzt müsste es dann eigentlich heissen: linkes politisch und sozial engagiertes Grafik- und Kommunikationsdesign, bzw. Gestaltung« – uff!!!

Warum dieses Projekt?

Weil wir einen Ort schaffen wollen, wo wir unsere Fragen und unser Interesse zum Verhältnis von Grafikdesign und Politik zum Austausch bringen können.
Unsere Projektgruppe spiegelt unterschiedlichste Zugänge zum Thema wider: einige, die eher aus der linken Polit-Szene kommen und mit Grafikdesign bislang kaum Berührung hatten, sind ebenso Teil dieses NGBK-Projektes, wie GrafikerInnen oder solche, die beides schon seit Jahren verbinden. Uns gemeinsam ist das Interesse an der »Politik der Bilder«, bzw. dem Verhältnis von visueller und politischer Praxis im Zusammenhang mit gesellschaftlichen Auseinandersetzungen. Wir machen das Projekt also, weil es uns selbst betrifft, und weil wir Lust darauf haben. Resultierend aus unseren eigenen Erfahrungen an der Schnittstelle zwischen gestalterischer und politischer Arbeit, haben wir es deshalb für nötig und sinnvoll erachtet, die Diskussionen darum für uns und andere Interessierte zugänglich zu machen, sie zu organisieren.

In der deutschen Linken, in den politischen Szenen (seien es nun autonome Gruppen, Initiativen, Kampagnen, Basisgruppen, etc.) stellt sich die Situation für uns so dar, dass es auf der einen Seite in den letzten Jahren eine verstärktes Interesse an Kultur, bzw. kultureller Produktion gibt und sich dazu analog auch der visuelle Ausdruck dieser Szenen gewandelt hat. Auf der anderen Seite gibt es in Bezug auf »linke Gestaltung« eine gewisse Orientierungs- und vor allem Sprachlosigkeit, die sich in einem Verständnis von Grafik ausdrückt, welches sich als »Schönmachen« oder schlimmer noch als Verkaufen im Sinne von Marketing für linke Inhalte begreift. Das Kopieren von Werbestrategien ist leider keine Ausnahme.

Es wird bei der Produktion von Zeitschriften, Broschüren, Magazinen und Plakaten mehr Wert auf Grafikdesign gelegt, um so mehr man glaubt, dass man durch Inhalt allein kein Land gewinnen kann, dass man die »Leute nicht erreicht«. Die Anliegen und die dahinterstehenden Gruppierungen müssen sich anscheinend zunehmend verkaufen und scheinen auch weniger vermitteln oder erklären zu wollen, sondern eher der Verkaufslogik hinterher zu rennen. Grafikdesign wird nach einem solchen Verständnis zu einer Anstreicher-, Einpacker- und Schönmacherveranstaltung, die die Oberfläche und den Reiz bedient.

Die Welt der Werbung ist sicherlich die prägende Größe für den Mainstream-Designbegriff, bzw. die Vorstellungen darüber. Bei Grafikdesign wird schnell an Werbung gedacht, was sicherlich auch nicht verwunderlich ist, weil die meisten GrafikerInnen in der Werbung im weitesten Sinne tätig sind. Und dass in der Werbung auch sehr gute GrafikerInnen und BildproduzentInnen am Werk sind, merkt man an sich selbst, wenn man blättert, die Straße langgeht, fern sieht oder sich gerade neue Unterwäsche kauft. Gerade deswegen muss man die Frage aufwerfen, warum ein großer Teil der »Kreativszene«, die aus Grafik-, Kommunikations- und MediendesignerInnen besteht, täglich soviel visuelle Scheiße produziert, dass man gar nicht soviel kotzen kann, wie man kaufen sollte.

Werbung ist schon lange mehr als Reklame im Sinne von Produktanpreisung, Imageproduktion und Lifestyle. Sicherlich sind klassische, z.B. reaktionäre, sexistische Bilder nach wie vor ein gewichtiger Teil. Aber Bilder, die vermeintliche Progressivität simulieren, die sich also durch Unkonventionalität, Differenz und Kreativität auszeichnen, stellen eine neue Qualität dar. Unserem Verständnis nach sind dies keine sozialen Bilder, gerade weil sie in unser alltägliches Leben eingreifen und es damit zwangsläufig immer wieder an Marktinteressen rückkoppeln. Sie bedienen sich lediglich in kokettierender Art und Weise sozialkritischer Themen. Die Verschmelzung von alltäglicher Praxis, von öffentlichkeit und Markt hat zur Folge, dass Werbung stärker politisch oder sozial erscheint – Benetton ist da sicherlich nur die exponierteste Erscheinung – und Politik in zunehmendem Maße zu Werbung wird.
Eine kontinuierliche politische Kritik an Werbung, Mediendesign oder auch Informationsdesign scheint den »Kreativen« in Fachzeitschriften, Grafik Design Festivals, Konferenzen oder Symposien und Wettbewerben selbst überlassen zu sein, findet jedoch nur peripher statt, da es zum großen Teil um Selbstinszenierung und Selbstvergewisserung geht. Interessant wäre es, sich vorzustellen, dass es neben der Kunst- und Kulturkritik in den Zeitungen und Magazinen auch eine feste Rubrik der Kritik an der »angewandten Kunst« (Design) geben könnte.

Was tun, wenn man also nicht gerade aufs »Gipfeltreffen der europäischen Designszene«, die »Typo-Konferenz« von Fontshop gehen möchte und über 1000,– DM (!) Eintritt zahlen will, ohne einen politischen Nutzen davon zu haben und einen die übrigen Designveranstaltungen, Festivals und Wettbewerbe als Nabelschau-Events eher langweilen? Es ist für Design-Interessierte schwer, den Ort des Diskurses zu finden, der gesellschaftliche Verhältnisse und Gestaltung in ein Verhältnis setzt.

Soweit so schlecht – aber wie kann eine visuelle Praxis aussehen, die sich in einer positiven Abhängigkeit, sprich Engagement, zu politischen Kämpfen versteht? Wie sehen Bilder aus, die die dominanten gesellschaftlichen Diskurse und seine Wertigkeiten in Frage stellen?

Wir denken, dass sich die Mühe lohnt, immer wieder Bilder zu entwerfen, die »alte Gewissheiten« in Frage stellen oder in eine neue Lesbarkeit bringen, die versuchen, das Soziale wie das Kulturelle gleichermaßen politisch zu beleuchten und politische Inhalte visuell zu stärken. Es gibt keine linke ästhetik, es gibt nur unterschiedliche Kontexte, in denen man mit visuell gestalteten Inhalten kritisch intervenieren kann.

Uns geht es demzufolge nicht um »schön« und die Definition einer linken Ästhetik und schon gar nicht um »neu«. Vielmehr interessiert uns die Frage nach dem Verhältnis von Grafik und Politik unter Aspekten ihres sozialen und kommunikativen Gehaltes. Uns interessiert der gesellschaftliche

Warum dieses Projekt

Kontext, in dem Bilder stehen und wirken und wann diese Bilder gesellschaftliche Verhältnisse in Frage stellen. Mit diesem Projekt wollen wir einen Bezugspunkt für Leute, die sich für diese hier kurz skizzierte Fragestellung interessieren und mit anderen in einen Austausch treten möchten, schaffen. Es geht uns darum, einen Gestaltungsbegriff zu finden, der sich als gesellschaftlich verantwortlich versteht, der sich gegen das derzeitige, in Trend und Markt eingebettete Designverständnis stellt.

Atelier Populair während der Studentenrevolte, Mai 1968

Unser Projekt

Um unser gesammeltes Material einem grösseren Kreis von Leuten zur Verfügung zu stellen, um auf der einen Seite einige sozial und politisch engagierte Grafikateliers aus Frankreich und ihre Arbeit vorzustellen und auf der anderen Seite konkrete Intervention zu initiieren und um einen kontinuierlichen Diskussionsrahmen zu ermöglichen, haben wir das Projekt in vier Teile gegliedert:

1. dieses Buch
2. eine Ausstellung
3. eine Plakataktion
4. eine Veranstaltungsreihe

Warum der Bezug auf Frankreich?

Frankreich erschien uns interessant, da dort die StudentInnenrevolten von 68 und die daraus entstandene Gruppe Grapus bis heute einen starken Einfluß auf das französische Grafikdesign haben. Wenn auch diese »Grapustradition« heute eine recht kleine Szene im gesamten Feld des Grafikdesigns in Frankreich ausmacht, ist das Verständnis um Grafikdesign historisch an ein linkes Projekt gekoppelt.

Die von uns Interviewten »repräsentieren« eine kleine Gruppe französischer Grafikateliers und deutscher GrafikerInnen, denen gemein ist, dass ein solches Selbstverständnis die Grundlage ihrer Arbeiten ist. Dieses Buch als Teil des Projektes versucht, Erfahrungen, Niederlagen, Konzepte und Arbeitsmodelle aus erster Hand weiterzugeben. Die hier zu Wort kommenden Gestaltenden sind nur eine kleine Auswahl all jener, die sich auf die eine oder andere Weise mit dem Themenkomplex Grafik und Politik auseinandersetzen.

Die entstandenen Texte und Interviews, wie auch das gesamte Projekt, sind Ergebnisse langjähriger Diskussionen, vieler Treffen und daraus entstandener

Grapus Austellungsplakat 1982

Freundschaften. Bei der Auswahl des Materials setzten wir den Schwerpunkt auf modellhafte Erfahrungen der Grafikgruppen, die hoffentlich dazu geeignet sind, in Deutschland und anderswo diskutiert, korrigiert, weiterentwickelt und umgesetzt zu werden. Denn all die Theorie scheint uns letztendlich überflüssig, wenn sie nicht aufgegriffen und in der Praxis gestaltet wird.

Wir hoffen mit dem vorgelegten Material einen Katalysator dafür zu liefern.

So wie die hier versammelten Interviews Material

Warum dieses Projekt

»Verteidigt die Plakate«

Unser Ausstellungsmodell für die Räumlichkeiten in der NGBK

in Textform darstellen, will die Ausstellung Beispiele aus der Praxis dieser Grafikateliers zeigen. Da die Ausstellung zum Redaktionsschluss noch nicht realisiert ist und dementsprechend nicht fototechnisch dokumentiert werden kann, haben wir uns entschlossen, die ausgestellten Projekte so gut wie möglich vorzustellen.

Ausreichend Platz und Gelegenheit zum Austausch und zur Diskussion soll durch Ausstellungsrundgänge mit den französischen GrafikerInnen, einer Veranstaltung zum Thema Arbeit – Macht und Politik, Arbeitsverhältnisse im Wandel sowie einer Diskussionsveranstaltung mit Grafikkollektiven über den Kampf um die Arbeit mit Bildern gewährleistet sein.

Die Plakataktion

Es ist offensichtlich, dass die überwiegende Mehrzahl der Bilder im öffentlichen Raum marktorientierte und produktbewerbende sind. Diese Bilder sind insofern politisch, als dass sie ein Gesellschaftsmodell vehement suggerieren, das zumeist auf Sauberkeit, Perfektionismus, Konsum und Konkurrenz basiert, selbst wenn es sich progressiver Aussagen bedient. Dem stehen Bilder gegenüber, die mit kulturellem, sozialem und politischem Anspruch gesellschaftliche Verhältnisse anders darzustellen versuchen.

Da der öffentliche Raum und die darin stattfindende Kommunikation ein zentraler Punkt in der politischen Gestaltung ist, soll dieser Teil des Projektes auf der Straße stattfinden.

Im Hinblick auf Schlagworte, wie »Privatisierung von öffentlichem Raum«, »Sauberkeit«, »innere Sicherheit«, »Ausgrenzung« ist es unser zentrales Anliegen mit dieser Plakataktion zu fragen, wem der öffentliche Raum und die visuelle öffentlichkeit gehört – und die Frage einfach mit einem klaren »uns« zu beantworten. Auch geht uns dabei darum, verschiedene Distributionsverfahren politischer Grafik und deren Wirkung im öffentlichen Raum aufzuzeigen, erlebbar zu machen und die Flächen für kurze Zeit politisch zu besetzen.

Offiziell zu mietende Hintergleisflächen in der U- und S-Bahn und »City-Lights« (beleuchtete Glaskästen in U-Bahnhöfen), sowie »wilde« Plakatflächen sollen parallel beklebt werden. Während erstere primär aus Kosten, aber auch aus politischen und ideologischen Gründen vorwiegend der Produktwerbung vorbehalten sind, gehören politisch engagierte Plakate auf »wilden« Plakatflächen in einigen Bezirken von Berlin (noch) zum Stadtbild. Da die Rezeption und Bedeutung von Plakaten und Bildern stark durch die jeweiligen Kontexte bestimmt werden und gleichzeitig Bilder Wahrnehmungen verändern, stellt sich die Frage nach den wechselseitigen Abhängigkeiten.

Thema Arbeit

Der Kontext des 1. Mai, um den herum die Plakataktion stattfand, war Anlaß, das Thema Arbeit in den Vordergrund der Aktion zu stellen. Die Gründe dafür sind natürlich weitreichender: Arbeit stellt eine entscheidende politisch-soziale Kategorie dar, die zur Zeit einen grundlegenden Wandel durchläuft. Dieses Terrain ist heiß umkämpft, und die Antworten darauf sind eine Mischung aus alten Rezepten und neoliberalen Zukunftsvorstellungen. Forderungen nach gesicherten Arbeitsplätzen, Renten und Tariflöhnen wirken anachronistisch gegenüber dem sich immer stärker durchsetzenden Modell des flexiblen Jobs für junge, dynamische und erfolgreiche AufsteigerInnen, das Erfolgschancen für alle suggeriert.

Während traditionelle Arbeitsformen und -plätze zunehmend abgebaut werden, entsteht ein immer größer werdender Dienstleistungssektor, der zu

AN DEN UNMÖGLICHSTEN STELLEN kleben wilde Plakate, zum Beispiel auf Trafostationen. Foto: Andreas Labe

Wer illegal kleben läßt, muß zahlen

Neues Straßengesetz: Veranstalter werden belangt, wenn Plakatierer wild herumkleistern

VON SILKE EDLER

BERLIN. Mit dem wilden Plakatekleben in der Stadt ist es möglicherweise bald vorbei. So jedenfalls will es der Senat und beschloß am Dienstag einen Entwurf zur Änderung des Straßengesetzes. Künftig soll nicht nur, wie bisher, den Plakatierern zu Leibe gerückt werden. Auch die Veranstalter – und somit Auftraggeber der Plakatkleber – sollen fortan belangt werden, wenn ihre Werbeposter illegal an Bauzäune, Laternenpfähle, Stromkästen, Telefonzellen oder an Häuserwände gekleistert werden. Bisher hatten die Bezirke kaum Möglichkeiten, illegale Plakatierungen zu verfolgen. „Die Kleber passen natürlich auf, daß sie nicht erwischt werden", sagte Winfried Dylla, Tiefbauamtsleiter in Steglitz.

In seinem Bezirk gilt die Schloßstraße als beliebtes Ziel für wilde Plakatklebereien. Vor allem während der Wochenenden mehrt sich dort die Zahl illegaler Plakate. „Die Plakatierer ziehen vermutlich am Sonnabend nach Geschäftsschluß los, weil sie genau wissen, daß wir dann erst mal anderthalb Tage nicht arbeiten", vermutet Dylla. Er fährt jeden Montag vor der Arbeit über die Steglitzer Einkaufsstraße und registriert die neuesten Klebereien. Schon am selben Nachmittag laufen ABM-Kräfte – die die Bezirke nichts kosten – über die Schloßstraße und entfernen die illegalen Plakate.

In Mitte klagt Tiefbauamtsleiter Peter Lexen vor allem darüber, daß die nicht genehmigten Plakate das Stadtbild verunstalten. „Sie hängen oft an der Straße Unter den Linden oder am Gendarmenmarkt", sagte er. Obwohl dies absolute Tabuzonen für Plakate seien. Das schlimmste sei, daß niemand die alten Plakate wieder entferne. Lexen verspricht sich viel von dem Gesetzentwurf. Dadurch habe der Bezirk endlich einen Ansprechpartner. Bisher habe man sich nur die Plakatierer greifen können. „Wenn wir sie erwischt haben", schränkt Lexen ein.

Die Veranstalter hätten sich vertraglich oft sehr gut abgesichert. „Die meisten können Verträge vorlegen, worin eine illegale Plakatierung auf Berlins Straßen ausgeschlossen wird", sagt Schönebergs Tiefbauamtsleiter Jürgen Terlinden. Allerdings gebe es meistens so viele Subunternehmer, bis hin zu Schülern, die diese Aufträge übernehmen. So sei es nurnoch schwer nachvollziehbar, wer eigentlich für die Kleberei verantwortlich sei. Trotzdem sei man in Schöneberg in letzter Zeit sehr radikal und erfolgreich gegen die wilden Plakatierungen vorgegangen. Wie in Steglitz entfernen auch hier ABM-Kräfte die frisch aufgekleisterten Poster so schnell wie möglich.

Bei der BVG, die selbst zahlreichen Werbeflächen vermarktet, bittet man die Veranstalter schon lange zur Kasse, wenn ihre Plakate illegal in U-Bahnhöfen oder an anderen BVG-Flächen kleben. „Die Beseitigungskosten stellen wir dem Veranstalter in Rechnung", bestätigt BVG-Sprecher Barbara Mansfield. Allerdings komme eine wilde Plakatierung nicht so häufig vor wie auf öffentlichem Straßenland. Die Flächen würden von der Vereinigte Verkehrsreklame (VVR-Berek) angeboten. Die meisten Veranstalter wendeten sich an diesen BVG-Tochterbetrieb, wenn sie ihre Plakate an Flächen der Verkehrsbetriebe anbringen möchten.

Die Preise richten sich unterdessen nach der Größe der Plakate und danach, wo angebracht werden. Auch die Frage nach Hoch- oder Querformat – ob an Litfaßsäulen, auf Bauzäunen oder in Wartehallen sind wichtig für die Preisgestaltung. Natürlich wird auch berechnet, wie viele Plakate wie lange ausgehängt werden sollen. Beispiel: Wer bei der VVR 155 DIN-A1-Plakate sieben Tage lang an 310 Litfaßsäulen Charlottenburg/Tiergarten kleben möchte, muß 868 Mark plus Mehrwertsteuer bezahlen. Kein Wunder also, daß gerade kleine Veranstalter ihre Poster häufig in Nacht und Nebelaktionen kleben lassen.

Tagesspiegel vom 15.4.1999

Warum dieses Projekt

11.3.2000 Treffen aller an der Plakataktion Beteiligten in Berlin

einem großen Teil aus prekären, nicht arbeitsvertraglich abgesicherten Arbeitsplätzen besteht. Massive Bereitschaft zur Selbstausbeutung und die Auflösung der Trennung zwischen Arbeit und Freizeit sind Folgen davon.

Dieser Wandel zeigt sich auch in der zunehmenden Erwerbslosigkeit, die u.a. Folge der Effektivierung von Produktionsverhältnissen, Monopolbildung, aber auch der zunehmenden Selbstverständlichkeit von Frauenerwerbstätigkeit ist.

Welche Konsequenzen hat diese Entwicklung nun für politische Artikulation und Widerstand? Wäre es z.B. sinnvoll, für eine Neubewertung des Verständnisses von »Arbeit« zu kämpfen, d.h. vor allem im Hinblick auf gesellschaftlich nicht anerkannte, unbezahlte Arbeit wie Beziehungsarbeit und Hausarbeit oder »Arbeit« insgesamt in frage zu stellen und das Recht auf Faulheit neu einzufordern?

Das alles sind nur Stichpunkte aus diesem immer stärker alle Lebensbereiche tangierenden Diskurs. Jedoch wird diese Auseinandersetzung nicht nur diskursiv, sondern auch visuell geführt, und an diesem Punkt wollten wir mit unserem Projekt intervenieren. Politisch und sozial engagierte GrafikerInnen und Grafikgruppen – Klaus Staeck, Manfred Butzmann, Druck Machen!, Umbruch Bildarchiv, Martin Klintworth, Linke Hände, Marily Stroux und – gestalteten Plakate, an denen die Komplexität des Themas durch die teilweise sowohl formal als auch inhaltlich sehr unterschiedlichen Zugänge deutlich wurde.

Die Illegalisierung von Flüchtlingen und die oft damit zusammenhängende Mittellosigkeit, das gesellschaftlich vermittelte Konzept des »Traumjobs« oder der Arbeitsbegriff überhaupt sind nur einige der Aspekte, anhand derer versucht wurde, gestalterische Kritik, bzw. Gegenbilder zum herrschenden Diskurs zu entwickeln. Auf den folgenden Seiten werden diese acht Plakate dokumentiert.

Projektgruppe »engagement & grafik« – Frühling 2000

Danksagungen:

Philippe Chat, Fabrication Maison, Malte Martin, Fabrique d'images, Nous Travaillons Ensemble, le bar Floréal, Pascal Colrat, Les Graphistes Associés, Linke Hände, Klaus Staeck, Marely Stroux, Manfred Butzmann, Druck machen!, Martin Klintworth, Umbruch Bildarchiv, Virginie Legrand, Kerstin, Thomas Finke, Che Guevara, Asian Dub Foundation, Alex und Robert Jordan, Matthias Gubig, Solarpraxis Supernova AG, Patricia Couderc, Michael Schramm, Odile Kennel, Pierre Bernard, François Miehe, Dorothée Billard, Maïté Vissault, Ana Marcos, den großen Bedurke (Schnuggi), der großen Herbstaktion, Günter und Qamar Kaltenborn, Metrogap, www.claravista.de, Sybille Schubert, Sebastian Haunnss, Imma Harms, Axel den Hausmeister vom Mehringhof und Harald von der FFM, den PlakatiererInnen, face it!, WG Yorck Dritte (früher Links, jetzt hinten), Squat Marachais (Paris), Geschäftsstelle NGBK, den Politcombos, die die Kohle auftreiben für die Plakate die wir gestalten dürfen (müssen), alle Ex-Zusammen Gestalten, Fabian, Sonja, Claire, Tanja, Skalitzer WG, Hannah, Hartmut, Nadja, Mama und Papa, Huni, Rebbi+Evy+Susi, Raulito, Peter und Kerstin und Jana Beyer, Samira, Minu, Richard, Ina, Hae Lin, Rebbecca, Holger, Sandy, Ralf, Silke, Jörn, Anja, Stef, Matti, Hannah, Katrin, Knut, Kerstin, Tanja, Jochen, Udo, Romin, Vivien, Stefan, Ale, Lucia + Werner, Tony Creadland, Rainer Ernst und alle anderen...

Martin Klintworth

Endlich wird die Arbeit knapp.

politisches engagement und grafik

1. Diese Plakataktion im öffentlichen Raum Berlins zum Thema Arbeit von und mit: Manfred Butzmann [Berlin] Druck machen [Hamburg] **Martin Klindtworth [Leipzig]** Linke Hände [Hamburg] Klaus Staeck [Heidelberg] Marily Stroux & Peter Bisping [Hamburg] Umbruch Bildarchiv [Berlin] 2. Eine **Ausstellung vom 28. April - 4. Juni 2000** in der NGBK, Oranienstraße 25, 10999 Berlin, täglich von 12.00 bis 18.30 Uhr mit sozial und politisch engagierten Projekten und Arbeiten französischer Grafikateliers [Le Bar Floréal, Philippe Chat, Pascal Colrat, La Fabrique D'Images, Fabrication Maison, Les Graphistes Associés, Malte Martin, Ne Pas Plier, Nous Travaillons Ensemble] 3. Ein Buch zum Thema 4. Veranstaltungen und Rundgänge in der Ausstellung **Infos unter: www.snafu.de/~ngbk Tel.: 615 30 31**

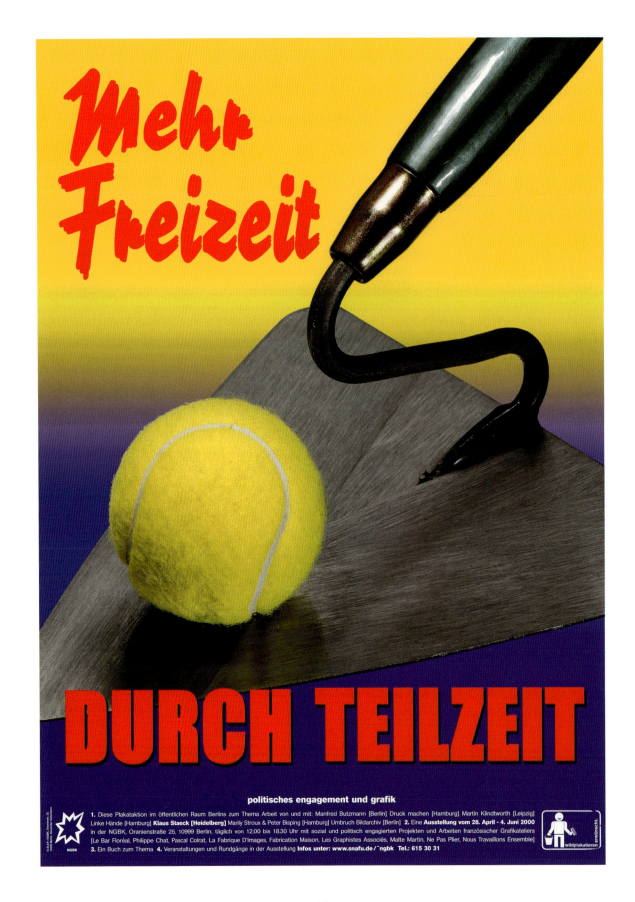

Umbruch Bildarchiv

Plakataktion

politisches engagement und grafik

1. Diese Plakataktion im öffentlichen Raum Berlins zum Thema Arbeit von und mit: Manfred Butzmann [Berlin] Druck machen [Hamburg] Martin Klindtworth [Leipzig] Linke Hände [Hamburg] Klaus Staeck [Heidelberg] Marily Stroux & Peter Bisping [Hamburg] **Umbruch Bildarchiv [Berlin]** **2.** Eine **Ausstellung vom 28. April - 4. Juni 2000** in der NGBK, Oranienstraße 25, 10999 Berlin, täglich von 12.00 bis 18.30 Uhr mit sozial und politisch engagierten Projekten und Arbeiten französischer Grafikateliers [Le Bar Floréal, Philippe Chat, Pascal Colrat, La Fabrique D'Images, Fabrication Maison, Les Graphistes Associés, Malte Martin, Ne Pas Plier, Nous Travaillons Ensemble] **3.** Ein Buch zum Thema **4.** Veranstaltungen und Rundgänge in der Ausstellung **Infos unter: www.snafu.de/~ngbk Tel.: 615 30 31**

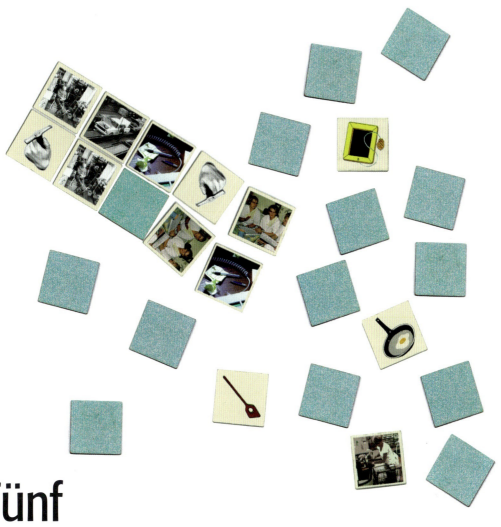

Fünf
von acht Stunden Arbeit*
werden nicht bezahlt.

Die gesellschaftliche Gesamtarbeit wird zum größeren Teil von Frauen geleistet und ist zum größeren Teil unbezahlt. Auf neun Stunden Erwerbsarbeit – die pro Kopf der Bevölkerung in der BRD jede Woche geleistet werden, kommen 14 Stunden **unbezahlte Arbeit** im Haushalt, in der Nachbarschaft, in Schulen, Universitäten und Organisationen. Ein zu großer Teil der Erwerbsarbeit – besonders der von Migrantinnen und Illegalisierten geleistete – ist zu dem **unterbezahlt** und recht nicht für eine würdige Existenz. Bundesweit fordern daher Erwerbslosen-Gruppen und Sozialhilfe-Initiativen ein **Existenzgeld in Höhe von 1.500 DM plus Warmmiete** für jede einzelne Bewohnerin und jeden einzelnen Bewohner der Bundesrepublik – unabhängig von Alter, Herkommen, Tätigkeit und Arbeitsleistung.

Druck machen!

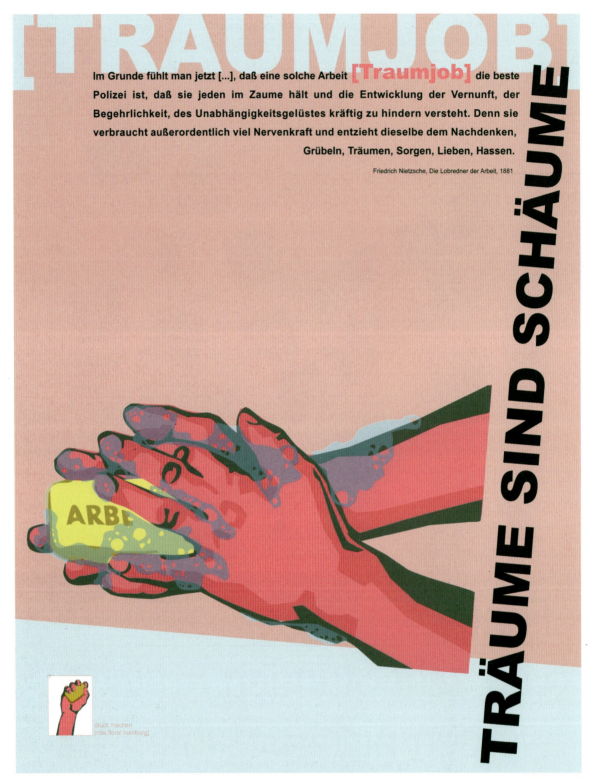

[TRAUMJOB]

Im Grunde fühlt man jetzt [...], daß eine solche Arbeit [Traumjob] die beste Polizei ist, daß sie jeden im Zaume hält und die Entwicklung der Vernunft, der Begehrlichkeit, des Unabhängigkeitsgelüstes kräftig zu hindern versteht. Denn sie verbraucht außerordentlich viel Nervenkraft und entzieht dieselbe dem Nachdenken, Grübeln, Träumen, Sorgen, Lieben, Hassen.

Friedrich Nietzsche, Die Lobredner der Arbeit, 1881

TRÄUME SIND SCHÄUME

druck machen
[rote flora/ hamburg]

politisches engagement und grafik

1. Diese Plakataktion im öffentlichen Raum Berlins zum Thema Arbeit von und mit: Manfred Butzmann [Berlin] **Druck machen [Hamburg]** Martin Klindtworth [Leipzig] Linke Hände [Hamburg] Klaus Staeck [Heidelberg] Marily Stroux & Peter Bisping [Hamburg] Umbruch Bildarchiv [Berlin] **2.** Eine **Ausstellung vom 28. April - 4. Juni 2000** in der NGBK, Oranienstraße 25, 10999 Berlin, täglich von 12.00 bis 18.30 Uhr mit sozial und politisch engagierten Projekten und Arbeiten französischer Grafikateliers [Le Bar Floréal, Philippe Chat, Pascal Colrat, La Fabrique D'Imagés, Fabrication Maison, Les Graphistes Associés, Malte Martin, Ne Pas Plier, Nous Travaillons Ensemble] **3.** Ein Buch zum Thema **4.** Veranstaltungen und Rundgänge in der Ausstellung **Infos unter: www.snafu.de/~ngbk Tel.: 615 30 31**

Manfred Butzmann

Plakataktion

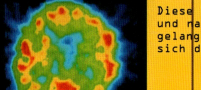

ES GIBT ZUVIEL ARBEIT

...DIESER ART

FUCK UNTERNEHMERHYPE + KRAWATTENGESICHTER + NEUE GRÜNDERINNENZEIT + KREATIVE ENTERTAINMENTCENTER + HANDYMOBILITÄT + GLOBAL PLAYER - MULTIS + AUFSTREBENDE TURNSCHUHUNTERNEHMEN + MUTIGEN BÖRSENGANG + TOTALE FLEXIBILITÄT + WITZIGE WERBESPOTS + DEMOKRATISCHE GLOBALISIERUNG + RECREATION-ZONEN + INDIVIDUELLEN LIFESTYLE + MITMACHKAPITALISMUS + EASYINTERNET + MODERNE DIENSTLEISTUNGSGESELLSCHAFTEN + SELBSTÄNDIGKEITSWAHN + WELLNESSPARKS + GLOBALES BÜRODORF + ABSATZSTARKEN E-COMMERCE + DESIGN YOUR FUTURE IDEOLOGIE + ÖKONOMISCHEN SCHRÖDERISM + SOZIALE ABFEDERUNG

politisches engagement und grafik

 1. Diese Plakataktion im öffentlichen Raum Berlins zum Thema Arbeit von und mit: Manfred Butzmann [Berlin] Druck machen [Hamburg] Martin Klindtworth [Leipzig] **Linke Hände [Hamburg]** Klaus Staeck [Heidelberg] Marily Stroux & Peter Bisping [Hamburg] Umbruch Bildarchiv [Berlin] **2.** Eine **Ausstellung vom 28. April - 4. Juni 2000** in der NGBK, Oranienstraße 25, 10999 Berlin, täglich von 12.00 bis 18.30 Uhr mit sozial und politisch engagierten Projekten und Arbeiten französischer Grafikateliers [Le Bar Floréal, Philippe Chat, Pascal Colrat, La Fabrique D'Images, Fabrication Maison, Les Graphistes Associés, Malte Martin, Ne Pas Plier, Nous Travaillons Ensemble] **3.** Ein Buch zum Thema **4.** Veranstaltungen und Rundgänge in der Ausstellung **infos unter: www.snafu.de/~ngbk Tel.: 615 30 31**

Grafik und Politik

Was sind GrafikdesignerInnen?

Obwohl der Designberuf im Allgemeinen in den letzten Jahren für viele an Sozialprestige gewonnen hat und es als außerordentlich hip gilt, zu den »Kreativen« zu gehören, ist nicht vielen Menschen klar, was Grafikdesign eigentlich ist.

Für GrafikdesignerInnen ist diese Begriffsbestimmung nicht nur dann von Bedeutung, wenn es um Akzeptanz und Honorierung geht, sondern vor allem, wenn sie von den Auftraggebenden erwarten, dass diese die spezielle Kompetenz der als politisch bewussten und konzeptionell arbeitenden Gestaltenden anerkennen und sich dementsprechend die Zusammenarbeit gestaltet.

F. Seitz liefert uns zur Bedeutung des relativ jungen Begriffs des Grafikdesigners folgende Definition: »Grafik-Designer planen, entwerfen und realisieren Mitteilungen. Sie nutzen dabei pragmatisch-ästhetische Spielräume, die über das bildnerische Vorgehen und – für die Empfänger ausschließlich – über das Sehen erfahren werden. Es handelt sich dabei um organisierbare Eindrucksqualitäten, die als Zeichen aufgefasst werden und so zur Realisierung von Mitteilungen führen. Sie bilden Darstellungen und Appelle, die auf unterschiedlichen Ebenen der bewussten Zuwendung wahrgenommen, verstanden und gedeutet werden. Besonders die visuellen Eindrücke eröffnen ausgedehnte Möglichkeiten der Einwirkung auf das kognitive und affektive Verhalten der Empfänger. Deren Eindrucksempfänglichkeit, Interesse und Neigung können so zielstrebig zu bestimmten Verhaltensreaktionen gelenkt werden. Die pragmatisch-ästhetischen Spielräume sind also für unterschiedliche Einwirkungsmöglichkeiten erschließbar.« Wenngleich die Mehrzahl der Aufgaben und Aufträge im Bereich der Wirtschaftswerbung liegen, »sind für die generelle Kennzeichnung des Berufsbildes gerade die verbleibenden Prozentanteile des genannten Aufgabenfeldes von Belang«. (F. Seitz im »Rahmenplan zum Hochschulstudium Grafik-Design«, herausgegeben vom BDG 1974)

Ein weiterer, zur KünstlerIn hin vermittelnder Definitionsversuch sei hier von M. Loyau zitiert: »Der Grafiker ist ein Künstler, ein Autor und Urheber von Bildern und Kommunikationsträgern und nicht einfach nur Mitteilungen. Seine Vermittlung erlaubt die Identifizierung des Senders und seiner Persönlichkeit und also einen Kontakt mit dem finalen Empfänger, der als verantwortliches Individuum betrachtet und respektiert wird. Der Grafiker ist ein Intellektueller und als solcher ein Handwerker mit Überlegungen über die Welt und die Gesellschaft. Sein Werkzeug ist die Beherrschung des Sinns, den er seinen Bildern und Zeichen gibt.« (M. Loyau in: »parce que« les cahiers du SNG Nr. 1.)

Dialog als Gestaltungsprinzip

Die in den folgenden Interviews näher betrachteten Ateliers verwenden einen großen Teil ihrer Arbeit darauf, in gesellschaftliche Prozesse einzuwirken und diese mitzubestimmen.

Ein wesentliches Mittel dazu ist bei fast allen der bewusste Umgang mit der Kommunikation, welches als bindendes Element zwischen den Menschen eingesetzt wird. Das diese Ausdrucksweise nicht selbstverständlich ist, liegt auf der Hand, wenn man sich die Kommunikationsstrukturen gängiger Medien genauer ansieht.

Vilém Flusser hat dazu eine praktikable Theorie über die Modelle menschlicher Kommunikation erarbeitet. Er unterteilt die Kommunikation in zwei prinzipiell verschiedene Funktionsmuster, die sich aus dem Informationsfluss zwischen Sender und Empfänger ergeben.

Demzufolge beschreibt er diskursive Kommunikation als jene, die der einseitigen Verteilung von Informationen dient. Klassische Beispiele diskursiver Kommunikation sind Fernsehen, Radio, Zeitungen, hierarchische Betriebsstrukturen und Diktaturen. Demgegenüber stellt Flusser das Modell der dialogischen Kommunikation. Diese dient dem Austausch und der Synthese von Informationen. Medien dialogischer Kommunikation sind: Kaffestuben, Marktplätze, Parlamente oder runde Tische. Durch ihren eindimensionalen Charakter ist diskursive Kommunikation also tendenziell konstituierend, da sie die Verbreitung der Informationen, nicht aber die wechselseitige Auseinandersetzung mit ihnen vorsieht. Sender und Empfänger sind zwei Pole eines Machtverhältnisses, wobei alle wichtigen quantitativen und qualitativen Entscheidungen vom Sender gefällt werden. Der Empfänger steht der empfangenen Botschaft insofern verantwortungslos gegenüber, als dass er über keine direkte Antwortmöglichkeit innerhalb desselben Mediums verfügt. Diese Situation finden wir insbesondere den Werbebildern gegenüber wieder, die sich uns an den unerwartetsten Orten aufdrängen, uns Ihr Weltbild verkaufen wollen, ohne dass wir wirklich etwas gegen diese oft unbeliebte Geschwätzigkeit unternehmen oder gar inhaltlich auf sie antworten können.

Grafik und Politik

Da wir in unserer Gesellschaft momentan eine Zunahme der Diskurse beobachten (Okkupation der Fläche als Träger von Werbeinformationen, Fernsehgeräte in Empfangs-, Wartehallen und Bars, Radiobegleitung in Supermärkten, Metrostationen und Hoteltoiletten...) ist es nur konsequent, den Dialog zu fördern, da er ein geeignetes Mittel ist, Menschen zusammen zu bringen. Dieses Bemühen beobachten wir bei den meisten Grafikateliers in Frankreich, die Dialoge in ihre Arbeit einbeziehen oder diese provozieren. So werden z.B. die Bilder der Gruppe les graphistes associés in sehr kleinen Auflagen produziert, danach mit den Betroffenen diskutiert und eventuell korrigiert, bevor sie in höherer Auflage gedruckt werden. Ateliers wie Nous Travaillons Ensemble und la fabrique d'images begnügen sich nicht damit, hübsche Logos oder Plakate zu machen, wenn sie Aufträge von Stadtverwaltungen erhalten. Sie sehen ihre Aufgabe vor allem darin, die BewohnerInnen anzusprechen und zum Sprechen zu bewegen, die sozialen Probleme aufzudecken und den Menschen Mittel in die Hand zu geben, diese zu kommunizieren und zu bewältigen. Oft wird das Mittel der Reportage genutzt, wie in den Fotoarbeiten der Gruppe le bar Floréal. Interviews werden geführt, Schreibateliers eröffnet, Grafikerinnen arbeiten mit Schriftstellern, Arbeitslosen und Soziologen zusammen. Fotografinnen mit Lehrern mit Philosophinnen, Kindern, Gewerkschaftlern...

Ohne das Resultat zu schmälern, tritt oft der Arbeitsprozess in den Vordergrund und damit der Dialog. So gehört vielleicht zu den konsequentesten Blühten dieser Dialogkultur der Verein ne pas plier, der in seinen Strukturen fachübergreifende Diskussionsrunden zu sozialen, ökonomischen und politischen Problemen ebenso ermöglicht, wie direkte Arbeit in politischen Gruppen oder die massenhafte Verteilung politischer Bilder und Texte auf Demonstrationen durch die Mitglieder des Vereins.

Bilder und Macht

Die Arbeit der GrafikerInnen unterscheidet sich also von der der klassischen HandwerkerIn darin, dass ihre Produkte vorrangig informell sind. Sie sind beteiligt an einem Prozess, der eine zentrale Stelle in Kultur, Bildung und Politik einnimmt. Sie selektieren, modifizieren und produzieren Informationen, die geeignet sind, das gesellschaftliche Bewusstsein zu beeinflussen. Damit nehmen sie aktiv an Machtprozessen teil.

Um die Arbeiten der politisch engagierten GrafikerInnen im gesellschaftlichen Kontext werten zu können, ist es wichtig, sich die Gesamtheit der existierenden Bilder vor Augen zu führen.

Da die Bilder der Produktwerbung und der Massenmedien in Produktionsqualität und Sendefrequenz alle anderen visuellen Äußerungen übertrumpfen, kann man bei ihnen von dominanten Bildern sprechen. Diese bedienen vorrangig diskursive Kommunikation und sind Ausdruck von Machtbeziehungen in der Gesellschaft.

»Macht« wird hierbei nicht als Regierungsmacht, die die Ordnung im Staat garantiert, verstanden. Sie ist keine Unterwerfungsart, kein allgemeines Herrschaftssystem einer Gruppe gegen die Anderen, sondern eine Vielfalt von Kräfteverhältnissen. Insofern soll sie nicht als unerschütterliche Einheit gesehen werden, sondern als der Gesamteffekt aller Machtzustände und Verkettungen, als »etwas, das sich von unzähligen Punkten aus im Spiel ungleicher und beweglicher Beziehungen vollzieht.« (Vergl. M. Foucault »Sexualität und Wahrheit 1: Der Wille zum Wissen«, Suhrkamp, Frankfurt/M, 1983)

Unternehmen wie die Walt Disney Company, Time Warner oder Microsoft sind heute viel mächtiger und einflussreicher als früher Ford und Rockefeller, da sie nicht die materiellen Güter, sondern die Informationen, Bilder, Symbole und Ideen dieser Welt kontrollieren. Und das sie diese Machtinstrumente nicht wie selbstverständlich in den Dienst eines wie auch immer gearteten Allgemeinwohls stellen, versteht sich von selbst, da sie nach der Logik des Marktes funktionieren.

In Anbetracht der gigantischen Umsätze (Jahresumsatz 1996 der Walt Disney Company: ca. 19 Mrd Dollar, geschätzter Wert des Unternehmens: ca. 50 Mrd Dollar) und den weitverzweigten Kommunikationsnetzen, die sich in den Händen weniger Konzerne befinden, wird klar, dass es bei den Medien nicht allein um Informationsverteilung zur Berichterstattung und Unterhaltung geht, sondern vor allem um die Förderung der eigenen Unternehmen. In den Gesprächen mit Vincent Perrottet von les graphistes associés und Gérard Paris-Clavel von ne pas plier wird klar, dass sich die GrafikerInnen dieses Problems bewusst sind. Sie sehen, dass die Medien- und Werbebilder ein Bild von der Gesellschaft prägen, das auf Konsum und Konkurrenz beruht und die Menschen isoliert. Eben daraus aber wächst ihr Antrieb, alternative Bilder zu produzieren und anders zu kommunizieren. Wenn sich die Beiträge in diesem Sampler mit Formen dieses alternativen Gestaltens, im visuellen und gesellschaftlichen Sinne, befassen, sollte den LeserInnen bewusst sein, dass es sich hierbei um Ausnahmen des Grafikdesigns handelt, die im gesamtgesellschaftlichen Kontext leider nur kleine Tropfen auf dem heißen Stein sind.

Verantwortung
»Sich vor gesellschaftlicher Verantwortung zu drücken halte ich für sehr unkünstlerisch, weil jede Art von Distanz eigentlich gegen den Künstler spricht, der sich ja mutig den Tatsachen stellen sollte.« (Milan Kunk, in: »Ansatzpunkte kritischer Kunst«, Bonner Kunstverein, 1983)
Zusammenfassend kann man sagen, dass in der Möglichkeit, Informationen zu produzieren und zu verteilen, ein entscheidendes Machtpotential liegt, das in verschiedenster Weise, bewusst oder unbewusst, genutzt wird. Dabei sind GrafikerInnen nicht immer am Ursprung dieser Prozesse, da sie nicht immer in der sinngebenden, oft aber in der sinnillustrierenden Funktion sind. In ihrer Funktion als GrafikerInnen fungieren sie jedoch innerhalb des Sender–Empfänger-Paares immer auf der Seite des Senders, woraus ihr Privileg und ihre spezifische Verantwortung erwächst.
Wenn GrafikerInnen einen Auftrag übernehmen, übernehmen sie selbstverständlich auch Verantwortung. Zunächst einmal die Verantwortung, den Auftrag zur Zufriedenheit der Kunden auszuführen. Sie setzen aber ein Produkt in die Welt, welches die Seh-, Denk- und Verhaltensweisen der Menschen beeinflusst. Damit übernehmen sie auch denjenigen Verantwortung gegenüber, die mit ihren Produkten in Berührung kommen.
Der BDG formulierte dies 1962 so: »Mit der Ausübung seines Berufes übernimmt der Gebrauchsgraphiker die Verpflichtung, den ihm zufallenden Aufgaben unter vollem Einsatz seiner ganzen Persönlichkeit die ihr wesensgerechte und künstlerisch zu verantwortende Form zu geben, denn mehr noch als jeder andere künstlerische Beruf, wirkt der Gebrauchsgraphiker mit seinen Werken in voller Breite in das öffentliche Leben hinein und hat somit eine erzieherische und kulturell bedeutsame Aufgabe zu erfüllen.« (»Der Gebrauchsgraphiker – Beruf und Aufgabe«, veröffentlicht vom Bund Deutscher Gebrauchsgrafiker (BDG). Januar 1962.)
Das Dilemma aber ist, dass offenbar viele Bilderproduzierende sich ihrer spezifischen Verantwortung nicht bewusst sind oder sein wollen und sozusagen blind in das Wertesystem der Gesellschaft eingreifen.

Der öffentliche Raum
Wie bereits erwähnt, ist eine der zentralen Fragen, die sich GrafikerInnen immer wieder stellen, die Frage nach der Wirksamkeit bestimmter Kommunikationsformen. Warum scheint es seit Jahrzehnten unter den politisch engagierten GrafikerInnen das Dogma zu geben, auf der Straße agieren zu müssen? Diese Prägung geht bei den meisten, mit denen ich mich unterhalten durfte, soweit, dass sie Galerien und Museen extrem skeptisch gegenüberstehen, da sie nicht glauben, ihre Botschaften könnten sich auf sinnvolle Weise fortpflanzen kann. »Ein politisches Plakat gehört auf die Straße!«
Der öffentliche Raum, um den es hierbei geht, dient zunächst erstmal als Treffpunkt für die Bürger. Er ist Raum für außerfamiliäre soziale Kontakte in dem man frei aufeinander zugehen kann. Er ist ein politischer Raum und stellt die Möglichkeit für Bürger dar, Meinungen zu verbreiten, Anhänger und Gleichgesinnte zu suchen. Dadurch ist er unerlässlich für die Ausübung der Demokratie. Der Marktplatz und die Straße, Symbol für den öffentlichen Raum, sind also traditionelle Medien der Demokratie. Daher scheint zunächst einmal verständlich, dass sich die politische Arbeit auf den öffentlichen Raum fixiert. Die Bedeutung dieses Raumes wird vor allem immer dann offenkundig, wenn er dem privaten Raum weichen soll.
Innerhalb der Innenstadt-Aktionstage vom 2. bis 8. Juni 1997 in verschiedenen Städten der BRD, Österreich und der Schweiz wurde versucht, auf Privatisierung und Ausgrenzung aufmerksam zu machen. Es zeigt sich an der Umstukturierung von Berlin, wie z.B. am Potzdamer Platz – »Symbol des Durchbruchs privatwirtschaftlicher Stadtentwicklung« und auf der Friedrichstraße, wie die Stadt auf die Urbanitätsvorstellungen privater Investoren zugerichtet wird, wie die Privatisierung des öffentlichen Raumes voranschreitet. Der Scheinschlag (kostenlose berliner Stadtzeitung) schreibt dazu: »Die Tendenzen in den Innenstädten ähneln sich: Die Aufwertung zu privatisierten Konsummeilen; zunehmende Kontrollen privater Sicherheitsdienste; Versuche (wie in Hamburg), ein Bettelverbot durchzusetzen; Erklärung von innerstädtischen Zonen zu Bannmeilen einerseits, zu »gefährlichen Orten« andererseits, wo sich die Polizei Sonderrechte wie verdachtsunabhängige Personenkontrollen einräumt, Image- und »Säuberungs«-Kampagnen.« (Scheinschlag Nr.12/97)
Der Unmut der Bürger in Anbetracht der stetig wachsenden Sichtbarkeit sozialer Probleme ist

durchaus verständlich und nachvollziehbar. Eben aus diesem Grund, weil es sich um ernstzunehmende Probleme handelt, müssen sie bewältigt werden. Die Antworten aus der Logik des Privateigentums sind aber keine Lösungsansätze, sondern schlichte Verdrängungen der Probleme. Die Verfahrensweisen sind in in den europäischen Städten etwa gleich. Es geht darum, die Attraktivität der Innenstädte zu heben, erwünscht ist nur, was zum Konsum führt oder diesen unterstützt. Dies geht soweit, dass die Unternehmer nur jene als Bürger ansehen, die konsumieren. Verdächtige Personen, wie Hütchenspieler, Obdachlose, Bettler, Straßenhändler und Drogenkonsumenten werden mit Platzverweisen und Hausverboten verfolgt. Eine gängige Praxis dabei ist das Abtransportieren in entlegene Vorstädte.

Die Folgen sind klar absehbar. Der privatwirtschaftliche Einflussbereich in gesellschaftliche Belange wird zunehmend größer. Die sozialen Probleme werden immer weniger von den zuständigen Instanzen des Staates bewältigt, sondern von Vertretern des Privateigentums »geregelt«, und zwar in ihrem Sinne und mit ihren Methoden. Private Wachschutzfirmen greifen immer stärker in den Zuständigkeitsbereich der Polizei ein. Ge- und Verbote, ein breites Netz von Gesetzlichkeiten werden zunehmend von privater Seite aufgestellt. Im Klartext heißt das, dass die Möglichkeiten der kritischen Meinungsäußerung immer stärker eingeengt werden.

Somit ist der öffentliche Raum das umkämpfte Terrain um die Ressourcen und Möglichkeiten in der Stadt. Der Rückzug der Demokratie zugunsten des Privateigentums ist daher momentan eine gesellschaftliche Realität.

»Es ist die Logik des globalen Marktes, die das Selbstbestimmungsrecht der Bürger unterhöhlt. In seiner Logik hat der Profit Vorrang vor dem Allgemeinwohl, das Private Vorrang vor dem Öffentlichen. In dieser Logik sind die Menschen Einzelwesen, die in erster Linie durch kommerzielle Transaktionen miteinander verbunden sind, nicht durch übergreifende öffentliche Interessen. Demokratie jedoch lebt von Öffentlichkeit« (B.R.Barber, Berliner Zeitung vom 12./13. Juli 1997)

Dieser urbane Kampf findet auch visuell statt und äußert sich in der Möglichkeit, durch die Verbreitung von Bildern und Symbolen visuell präsent zu sein. Auf der einen Seite kann man sich den Raum kaufen, um seine Bilder zu publizieren, was zumeist durch Werbung erfolgt, die nachdem sie ihren Platz erkauft hat, keinerlei Rücksicht auf das ästhetische Empfinden der Bürger nimmt, da diese zu keiner Zeit ein Vetorecht genießen, andererseits werden nicht bezahlte, nicht offizielle, individuelle Bilder ausgegrenzt, entfernt und kriminalisiert. (Tags, »wilde« Plakate, Graffitis)

Der öffentliche Raum ist also jener Bereich, in denen Meinungen zu Interessen verdichten. Er ist unverzichtbar für die Meinungsbildung und schließlich für die Ausübung von Demokratie im Staate. »Diese Öffentlichkeit ist gebunden an die Medien, an die Informations-, Kommunikations- und (Selbst)-Darstellungsmöglichkeiten von Individuen, Gruppen oder sozialer Systeme.« (M.Faßler »Was ist Kommunikation«, Wilhelm Fink Verlag, München, 1997)

Die Frage, wer welche Informationen auf welche Weise weiterleiten darf, ist auch hier eine entscheidende. Medien und Öffentlichkeit sind also freie Machtbereiche. Die schrittweise Privatisierung von Medien, also die Auflösung des staatlichen Nachrichtenmonopols (Telekom, Post, Fernsehen und Radio) ist insofern gefährlich, als der Staat sich seinem sozialen Auftrag entzieht, Minderheiten zu integrieren. Er gibt dadurch die Mittel aus der Hand, jene Minderheiten angemessen zu unterstützen, in dem er ihnen Zugang zu dem öffentlichen Bewusstsein verschafft. Die Konsequenz ist auch hier wieder, »das der vertreten wird, der zahlt, zahlreich ist oder ein interessantes Objekt abgibt« (M.Faßler »Was ist Kommunikation«, Wilhelm Fink Verlag, München, 1997), und das immer im Sinne des Vertreters, der Medien.

Insofern scheint es heute wichtiger denn je, die Straße in die politischen Aktionen einzubeziehen und den öffentlichen Raum für die Ausübung von Demokratie zu verteidigen.

Holger Bedurke

LA FRANCE PAYS DES DROITS DE L'HOMME

DES PAPIERS POUR LES SANS-

Malte Martin

M.M.: Grafiker in Paris lebend. Arbeiten im Bereich des Zeitungsdesign, des Theaters, des zeitgenössischen Tanzes, der Ausstellungskonzeption und der Gestaltung von Künstlerbüchern als Autorengrafiker und freier Künstler sowie Edition. Professor an der »École de Communication Visuelle«, Paris und Herausgeber der experimentellen Grafkzeitschrift AGRAF

Im Grafikatelier »graphique Malte Martin«, das heute 3 Mitarbeiter umfaßt arbeiten heute: Bruno Bernard, Cecile Attagnant, Fathia Souali und Kerstin Heitmann als Praktikantin.

Interview mit Malte Martin

Bei den Grafikgruppen, die wir hier in Paris besucht haben, haben wir den Eindruck gewonnen, dass resultierend aus der 68er Tradition, ein Grafikdesign Verständnis vorherrscht welches sich gesellschaftlich und sozial engagiert versteht. In Deutschland hat man den Eindruck, dass es wenig Gruppen der Art gibt und das dort Grafikdesign sehr eng mit Werbung verknüpft ist, also eher Dienstleistung im Vordergrund steht. Wo siehst du die Unterschiede?

M.M.: Es stimmt, dass es Unterschiede gibt und spezielle Eigenarten, auf die man in Frankreich auch immer sehr stolz ist, dass es sie nur in Frankreich gibt. Aber man kann auch nicht sagen, engagierte Grafik findet man hauptsächlich in Frankreich und in Deutschland praktisch nicht. Ich drehe das mal um und spitze es zu: In Deutschland gibt es eine größere und breitere Tradition von politischer Grafik, global gesehen. Um mal ein paar Namen zu nennen: Es fängt mit Heartfield an – das ist der Klassiker, auf den sich dann auch Leute wie Grapus in Frankreich berufen, der vor allen anderen existiert hat, das geht dann weiter bis Staeck und andere Bekannte aus dieser Ära und findet sich heute in einer anderen Form wieder, nämlich durch die Geschichte, die gerade in Berlin entstanden ist. Nach dem Mauerfall haben sich ostberliner Gruppen, Grappa und andere in alternativer Grafik engagiert, auch oft verbunden mit dem, was man Alternativkultur in Deutschland nennt, die ein spezifisch deutsches Phänomen ist, oder zumindest kein französisches. Alternativkultur gibt es in Frankreich so nicht. Durch diese Alternativkultur gibt es zum Beispiel in Deutschland sehr viel breiter angelegte grafische Themen, die vielleicht nicht immer ganz so hochpolitisch sind wie in Frankreich, die aber ein Gebiet alternativer, ökologischer und soziokultureller Projekte, sowie alternativer Produkte betreten. Da herum existiert eine ganze Grafikszene, die es in dieser Breite in Frankreich überhaupt nicht gibt. Aber was es für mich wirklich an Charakteristik der Grafik in Frankreich gibt, ist folgendes: Die Geschichte der Grafik im Ganzen hat sich völlig anders abgespielt. Das heißt, in allen anderen Ländern, vor allem in angelsächsischen und nordischen Ländern, ist Grafikdesign 1900 bis 1920 entstanden, als Folge der industriellen Revolution. Man hat die neuen Technologien von damals ausgenutzt, um Qualität für die Masse zu machen: In England Arts and Crafts

Das »Axtplakat« in den Protestdemonstrationen nach der Erstürmung der Kirche.

Die Titelseite der Tageszeitung »Libération« zeigt die CRS-Polizisten beim aufbrechen der Kirchentür, in der Illegalisierte Asyl gesucht haben.
Die Tür wurde letztendlich mittels einer Axt eingeschlagen Die Titelzeile erinnert an den Ausspruch des damaligen Innenministers Debré:
Wir werden das Problem »mit Menschlichkeit und Herz(lichkeit?)« regeln.

Movement, De-Stil in Holland, Bauhaus in Deutschland, die Schweizer Schule und so weiter, die die reformistische Vorstellung hatten: Wir benutzen diese neuen Möglichkeiten der industriellen Revolution, des aufstrebenden Kapitalismus, um Vorteile daraus zu ziehen, etwas für die breite Masse zu machen. Und das gab es in Frankreich bzw. in allen südlichen Ländern nicht. In Frankreich ist dieser Prozess erst viel später abgelaufen.

Nach dem 2. Weltkrieg war hier wie in allen anderen Ländern die Notwendigkeit da, Reklame zu machen für Produkte. Da eine Grafik- und Designtradition in Verbindung mit einer Schule wie dem Bauhaus nicht existierte, wurden eigentlich nur die angelsächsischen Modelle eingeführt. Es gab dann Werbeagenturen, die nach dem angelsächsischen Modell Werbung gemacht haben, aber praktisch keine Design-Agenturen zum Beispiel hatten.

Das waren doch Einzelkünstler im Bauhaus...

M.M.: Natürlich, aber sie haben eine starke gemeinsame Prägung und eine gemeinsame Herangehensweise geschaffen. In Frankreich sind eher Künstler wie Toulouse-Lautrec die Großväter der Grafik, der z.B. den damals innovativen Lithodruck nutzte, um Plakate für die Kultur, wie das »Moulin Rouge« zu machen. Das also, was bei anderen Design-Schulen waren, die mit der Industrie zusammengekoppelt arbeiteten, waren in Frankreich Künstler, die zu Plakatgrafikern wurden, und von daher spielt auch diese Plakatgrafik in Frankreich bis heute eine große Rolle. Aber es sind keine Designer im deutschen oder angelsächsischen Sinne. Diese andere Entwicklung der Grafikgeschichte ist dann wieder für die Grafiker in den 60er/70er Jahren wichtig geworden. Wo um 1968 eine Bewegung von französischen Grafikern ihr Studium z.B. in Polen bei Tomasczewski gemacht hat und sagte: Wir wollen eine andere Grafikrichtung gründen und eine andere Grafik machen als Werbegrafik – das war von Anfang an eine Gründung der Grafik gegen die Werbegrafik, was in Deutschland und England so nicht stattgefunden hat. Wenn man in Frankreich zu jemandem »Graphiste« sagt, dann ist klar, dass dieser nicht in einer Werbeagentur arbeitet. Das ändert sich im Moment ein bißchen. Aber nach der 70er/80er-Jahre-Tradition war der »Graphiste« dieser kleine unabhängige Grafiker, der im öffentlichen, kulturellen und sozialen Bereich arbeitet und alles andere den Agenturen überlässt. Und in den Agenturen heißt man dann »Art Directeur« und nicht Grafiker. Das ist die Zeit gewesen, in der Grapus zu einer Art Schule wurde, gewollt oder ungewollt, die viele junge Grafiker beeinflusst hat und so entstand eine Strömung, die bis heute noch wirkt. Daher kommt sowohl in Frankreich als auch im Ausland das Gefühl, in Frankreich sei die Strö-

Plakate für die MRAP (Bewegung gegen Rassismus und für Völkerfreundschaft) für die Verteidigung des Asylrechts und das Recht der ausländischen Arbeiter mit ihrer Familie leben zu dürfen.

mung politisch engagierter Grafik stärker. Im Verhältnis zum Gesamtgebiet französischer Grafik ist das jedoch nur ein kleiner Bereich. Mit der Ausnahme, dass in den achtziger Jahren dieser Bereich sehr großen Einfluss bekommen konnte. Mit der ersten linken Regierung und in der Tradition, sehr große öffentliche Projekte in der Kulturpolitik Frankreichs zu zentralisieren, haben diese ganz kleinen Gruppen plötzlich Riesenaufträge bekommen und CI für den La Villette oder Louvre gemacht und damit riesige öffentliche Erscheinungsbilder geprägt. Nach meiner Meinung ist es schade, dass das nicht ausgebaut werden konnte. Meine Hoffnung war zum Beispiel, dass diese Großprojekte dazu führen, dass stärkere Design-Gruppen entstehen, die auch wieder auf dem privaten Sektor den Werbegruppen ihr Terrain streitig machen und das, was die Werbegruppen an Designgeschichte in der Zwischenzeit für sich vereinnahmt haben, wieder zurückgewinnen. Das strukturelle Problem in Frankreich ist, dass es keine größeren Designgruppen wie Metadesign in Berlin, wie Totaldesign in Amsterdam, wie Pentagramm in London entstanden sind, sondern die Grafiker haben sich auf diesen öffentlichen, sozialen und kulturellen Bereich beschränkt, der natürlich relativ marginal in der Gesellschaft bleibt. Die Designbedürfnisse des Restes der Gesellschaft im privaten Bereich oder der Großunternehmen – auch staatliche – wurden dadurch von den Werbeunternehmen gekascht.

War die Hoffnung, dass diese Grafiker sich da eine Ecke abschneiden, bzw. in diesem Bereich, weniger im Sinne von Marktanteilen gedacht, sondern eher im Sinne von gesellschaftlichem kulturellen Design-Begriff sich einzubringen...?

M.M.: Also was mich natürlich nicht interessiert, sind die Marktanteile, davon habe ich keine Ahnung von, was das in Millionen bedeutet. Was ich daran sehr schade finde, ist, dass in einem Land wie Frankreich dieser Designbereich zum großen Teil von Leuten abgehandelt wird, die kaum wissen, was Design ist oder ein Designverständnis haben, was für mich nur kommerziell ist. Und ich denke, dass Design etwas anderes ist. Dieser Zwanziger-Jahre-Ansatz der anderen Länder ist vielleicht eine Illusion, aber ich denke, dass es schon ein interessanter Ansatz ist zu sagen: Design ist nicht Werbung und kann nicht denselben Regeln unterworfen werden. Die einzige Regel, die für die Werbung gilt, ist, wenn mehr verkauft wird, dann war die Werbung gut, auch wenn es mit einem Scheiß-Bild geschieht. Natürlich gibt es auch irgendwann einmal eine Qualitätsgrenze, aber im Allgemeinen sind es Zahlen, die zählen. Design ist aber normalwerweise nicht dazu da. Wenn ich ein Erscheinungsbild mache oder ein Leitsystem für ein Krankenhaus gestalte, dann ist nicht die Frage: Verkauft der Doktor mehr Krankenscheine damit, sondern, ob die siebzig jährige Frau die Toilette findet oder nicht. Und das hat nichts mit Marktanteilen zu tun. Von daher denke ich, dass Design – richtig verstanden – getrennt werden muß von dieser Werbegrafik-Logik und das hat in Frankreich noch nicht stattgefunden – außer in einigen öffentlichen, sozialen und kulturellen Bereichen, aber nicht in der Gesamtgesellschaft. Um wieder auf die Grapus-Geschichte zurückzukommen, für mich ist es Pierre Bernard, der es geschafft hat, Brücken zu schlagen zwischen der spezifischen politischen Tradition der französischen Autorengrafik und einem Ansatz von »Latin-Corporate-Identity«. Und um wieder mit Deutschland zu vergleichen: Ich finde es gut, dass ein Unternehmen wie Metadesign ein Logo von Volkswagen neu strukturiert. Natürlich kann man sagen: Ach, es ist schade, Metadesign hat am Anfang mit fünf oder zehn Leuten noch idealistischeres Design gemacht, und jetzt machen sie Großdesign. Okay. Dafür gibt es jetzt aber andere Kleingruppen, die unheimlich gute Sachen auf diesem Sektor entwickeln, wo kleine Gruppen eingreifen können. Aber vom gesellschaftlichen Nutzen her finde ich es wichtig, dass es auch Großdesigngruppen gibt, die eine bessere visuelle Qualität für die Gesellschaft schaffen in Bereichen, in welche die Kleingruppen gar nicht hineinkommen und auch nicht wollen. Die Studenten, die ich unterrichte sagen manchmal: Ach toll, sie machen Theaterplakate und nicht langweilige Firmenlogos! Dann sag ich: Okay, das ist eine persönliche Frage, macht auch Theaterplakate, wenn

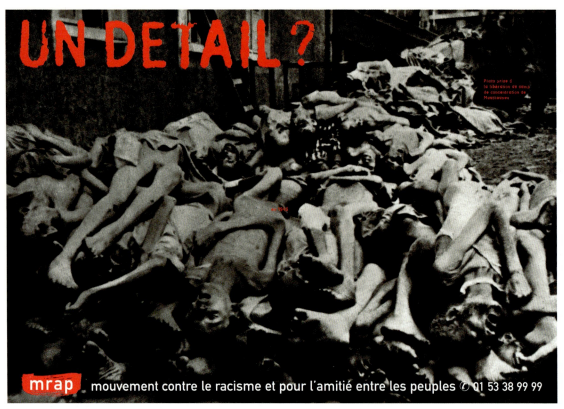

Plakat der Anti-FN-Kampagne, dass auf den Ausspruch Le Pen's reagiert, die Gaskammern und der Holcost wären nur ein »Detail der Geschichte des zweiten Weltkrieges«. Dieses Bild wurde in den Regionalwahlen 1998 neben die offiziellen FN-Plakate geklebt.

ihr wollt! Ein gutes Theaterplakat zu machen, ist eine schöne Geschichte, aber ich versuche Euch, auch zu erklären, warum ich die Designer respektiere, die nicht im kulturellen Bereich arbeiten: Wenn ich ein schlechtes Plakat geschaffen habe, ist das nicht schlimm, denn nach zwei Wochen ist es wieder weg, ist es aus der Metro raus. Wenn einer aber ein schlechtes Logo für Renault kreiert hat, ist die visuelle Landschaft für Tausende, Hunderttausende von Leuten über zehn oder zwanzig Jahre lang versaut. Das ist wirklich visuelle Umweltverschmutzung für große Teile der Gesellschaft. Denn viele werden denken, weil Renault großes Ansehen hat, das ist also scheinbar Design. Und die Konsequenzen für die visuellen Gewohnheiten in der Gesellschaft sind viel schlimmer als die, die wir durch ein schlechtes Theaterplakat provozieren können. Und von daher denke ich, dass man nicht, wie es Grapus meiner Meinung nach oft in der Vergangenheit gemacht hat, dem Informationsdesign die pure Lehre der engagierten Grafik entgegensetzen kann. Wir brauchen die engagierte Grafik, wo man sehr weit gehen kann und sehr wenig Kompromisse macht. Wir brauchen einen Design-Bereich, der im großen Stil eingreifen kann und visuelle Qualität in die Gesellschaft bringt, und ob wir es wollen oder nicht, wird es auch Grafiker geben, die Produktwerbung betreiben.

Nochmal zu den Arbeitsweisen: Du hast vorhin zwischen unterschiedlichen Grafik-, Design-, Werbewelten unterschieden bezüglich ihrer Herangehensweise. Was wir von den Projekten der Grapus-Tradition kennen, ist erstmal sehr teamhaft, projekthaft gearbeitet worden, oder zumindest hatte es nach außen den Anschein, im Gegensatz zu einem klassischen Dienstleistungsverhältnis mit einer entsprechenden Arbeitsorganisation nach innen und außen...

M.M.: Als ich bei Grapus war, gab es zwar immer noch die offizielle Doktrin: Es gibt keinen Art-Direktor und keinen Junior-Art-Direktor, alle arbeiten auf gleicher Ebene. Das stimmt nicht, das ist Quark. Ich glaube, dass wissen sie auch ganz genau. dass es nicht dieselbe hierarchische Struktur wie in einer Werbeagentur oder in Design-Agenturen gab, stimmt. Es war eine andere Arbeitsweise. Aber keiner kann mir weißmachen, dass es in einer Gruppe keinen Gesamtverantwortlichen gibt. Es gibt eine ganz einfache natürliche Autorität, ausgehend von dem, der die Gruppe aufgebaut und gegründet hat, der über 20 Jahre mehr Berufserfahrung hat, der alle Kundenkontakte hat und der einzige Kopf ist, der von der Gruppe bekannt ist im Land. Es kann mir keiner weiß machen, dass alle auf gleicher Ebene arbeiten. Wenn Du in dieser Position bist, hast du einen Informations- und Autoritätsvorsprung. Natürlich gibt's eine Hierarchie, das ist auch völlig klar und normal für mich. Eine andere Geschichte ist es, wie organisierst du die Entscheidungsprozesse? Wo räumst Du den Leuten, die neu dazu kommen mehr Spielraum ein? Versuchst Du, die Informationen immer so gleichmäßig wie möglich zu verteilen? Das ist das Interessante; und deshalb bin ich nichtsdestotrotz überzeugt, dass z.B. die Gruppe »Nous Travaillons Ensemble« viel besser Entscheidungsprozesse organisiert, als »Dragon Rouge«, die hier so'ne »Möchte-Gern-Design-Agentur« ist. Um auch da nochmal auf die Grapus-Geschichte zu kommen: Das war eher ein Verhältnis von absoluter Komplizenschaft, d.h. die Kunden waren Leute, mit denen man eng verbunden war. Es war eine politische Verwandtschaft, ja, politische Freunde. Auf der Basis dieser Connection und Sympathie war ein Vertrauensverhältnis da, ein sehr interessanter Aspekt, weil dadurch wahrscheinlich mutigere Projekte zustande kamen, als in einem normalen distanzierten beruflichen Verhältnis. Es war nicht nur die Frage nach dem Bedarf eines Erscheinungsbildes, sondern wirklich eine gemeinsame Mission. Diese Komplizenschaft ist eine sehr wichtige Geschichte bei Grapus gewesen und ohne die Komplizenschaft zu ihren Auftraggebern wäre die Grapus-Grafik wohl undenkbar gewesen. Eine zweite Geschichte, die bei Grapus dauernd aufgetaucht ist, was ich nennen würde, sich als enfant terrible zu geben. Enfant terrible ist ein typischer französischer Begriff für ein wildes, unartiges Kind. Dieses unartige Kind macht Sachen, die verboten sind, Sachen, die man nicht machen soll, sagt Wörter, die man nicht sagen darf. Eine Art Provokation, die zum Spiel oder zu einer Art Künstler Attitüde wird.

Eine »Verkaufsstrategie«?

M.M.: Ja, auch, und eine Methode seinen künstlerischen Freiraum zu verteidigen. Aber Grapus bzw. diese Art von Autoren-Grafik in Frankreich, sieht sich auch aus der Geschichte heraus mehr im künstlerischen Bereich. Das konditioniert auch das Verhalten der Grafiker, d.h., es existiert das künstlerische Bild, was nicht diskutiert werden kann und nicht ein Design-Anspruch, wo man rational nach Farben, Symbolik oder Geschichte Bilder auswählt, begründet und zur Diskussion stellt. Sinnzusammenhänge werden natürlich schon erläutert, aber du kannst das Bild im Grundsatz nicht diskutieren. Es gibt auch nur ein Bild und keine zwei oder drei Lösungsvorschläge zu einem Thema, wie es die Praxis bei den meisten angelsächsischen und nordeuropäischen Design-Agenturen ist. Auf diese Ansätze kann der Kunde in der Diskussion reagieren, dann wird der Ansatz vertieft, der am meisten den Erwartungen und einfach der Notwendigkeit entspricht. Das ist eine Sache, die z.B. völlig von Grapus negiert wird und es gibt eben nur einen Ansatz und der ist praktisch nicht verhandelbar. Das führte in der Praxis dazu, dass natürlich am Ende mit 80% der Kunden Zoff da war. Das wurde aber sozusagen schon zu einer Kultur ausgebaut. Für mich mit dem Hintergrund einer anderen Kultur, Ausbildung und Design-Philosophie, gehört es in gewisser Weise zum Design-Prozess dazu, dass es ein Ping-Pong-Spiel gibt zwischen Designer und

Kampangenplakat gegen die FN/F-HAINE (»die Front des Hasses«)
Das Logo persifliert das offizielle FN Logo der Flamme in Blau-Weiß-Rot:
»Löscht den Brand bevor es zu spät ist!«

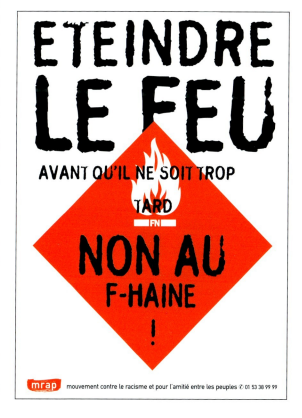

Plakatreihe für Amnesty International zur Verteidigung der Rechte der Kinder. »Spiel aus! Für tausende von Kindern spielt sich ihre Zukunft im Gefängnis ab.«

»Spiel aus! Für tausende von Kindern ist Krieg kein Spiel.«

»Spiel aus! Für tausende von Kindern gibt es niemals Pause.« Gestaltung von Malte Martin mit Costanza Matteucci, Fotos: Xavier Lefevre

Auftraggeber. Es muß ein paar Mal hin und her gespielt werden, ehe man wirklich die Lösung gefunden hat. Ich denke, dass ich kein Genie bin, der das Bild macht und das nicht anders sein kann. Das ist für mich eben der Unterschied zum Künstler.

Aber Gruppen wie »Nous travaillons ensemble« oder die »les graphistes associés« betonen doch, dass für sie gerade der Prozess wichtig ist.

M.M.: Der intensive Austausch findet statt, absolut. Absolut und vielmehr wahrscheinlich als in der traditionellen Agentur. Und in dieser ersten Phase intensiven Austausches haben wir keine verschiedenen Anschauungsweisen. Die Sache ist die danach. Diese intensive Austauschphase und dieses Akzentsetzen auf den Prozess stimmt natürlich auch in der Weise, dass Leute aus Grapus-Schulen, und da beziehe ich mich auch mit ein, ihren Spaß dran haben, jemanden, der eine visuelle Kultur hat, die wahrscheinlich sehr entfernt ist von dem, was sie praktizieren, dahin zu bringen, wirklich etwas Erstaunliches zu machen für seine Struktur. Das Erfolgsergebnis, den dahin gebracht zu haben, dahin geschubst zu haben, wohin sie überhaupt

Bild zur Frage der Schuldenkrise der Dritte-Welt Länder.

tenziell für die französische Grafik, es gibt keine neue französische Grafik ohne Grapus. Und zugleich sage ich, dass man absolut nicht reinkommen darf in diese Modellgeschichte, als wenn es das Modell wäre, was universell anwendbar ist und auch in all seinen Aspekten das beste Modell wäre. Ich denke, dass man da wirklich kritischer hinterfragen muss.

Aus den Universitäten kommen immer noch junge, engagierte Grafiker, die auf diesem Gebiet arbeiten wollen und sich zugleich nicht auf die engagierte Marginalität beschränken wollen. Sie erkennen nicht mehr die alten Dogmen an, dass ein Grafiker nicht für eine Agentur, nicht für den privaten und kommerziellen Bereich arbeiten darf. Sie wollen ein Plakat gegen Le Pen machen, träumen von CD-Covern und fühlen sich auch wohl, wenn sie eine Web-Site für L'OREAL bauen können...

Interview: Sandy K. und Holger Bedurke,
Paris 30.09.1998

nicht wollten oder zu einer völlig erstaunlichen Geschichte gebracht zu haben, bei der sie vielleicht Kopf und Kragen riskieren, indem sie ein Bild veröffentlichen, das provozierend ist oder ganz einfach in ihren Kreisen ungewohnte Reaktionen hervorrufen wird. Und insofern ist das schon richtig, wenn sie sagen, diese Prozeßsache interessiert uns...

Die Frage dabei ist natürlich aber auch das Problem der Instrumentalisierung! Inwieweit bringe ich ein Anliegen und einen Auftraggeber voran, indem ich ihn ein bisschen weiterschubse, als er wollte, und inwieweit habe ich ein »Piraten-Verhältnis« zum Auftraggeber, d.h., ich benutze den Auftrag, um mein Plakat zu machen, auch wenn der Auftraggeber mit seinem Anliegen sich nicht damit identifizieren kann. (»Hauptsache ich habe mein Plakat für die nächste Grafikbiennale kreiert.«) Mit welchem Anspruch kreiere ich: Produziere ich Bilder, die zum Selbstläufer werden, weil sich die Aktivisten – gerade die ohne Grafikstudium – sich damit identifizieren können, oder habe ich den Anspruch Kunstbilder zu produzieren, die in sozialen Bewegungen in Szene gesetzt werden.

Diese ganze Grapusgeschichte ist schon sehr exis-

Stempel und Aufkleber für die Mrap »Quoi, ma geule«: »Was ist mit meiner Fresse? (gefällt sie dir nicht?)« Refrain eines bekannten Chansons von Johnny Haliday, im Rahmen einer Kampagne gegen willkürliche Identitätskontrollen.

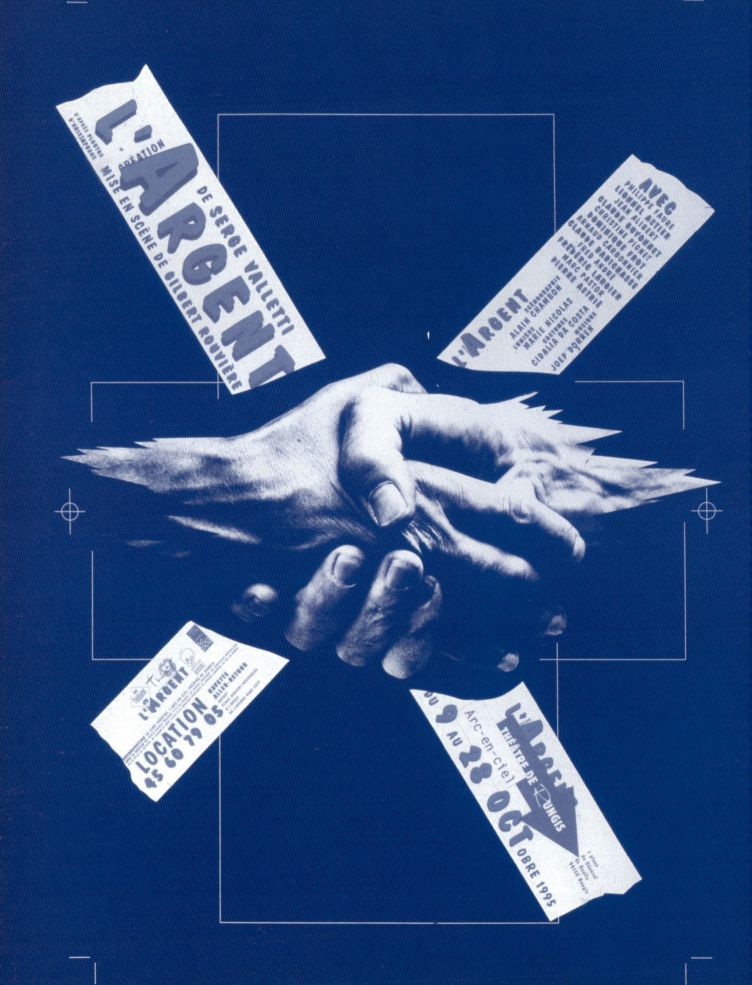

Plakat für das Théater de Rungis zu »l'argent« (Geld), 1995 (wie für alle Plakate dieses Theaters, gibt es eine Fassung mit und eine ohne Text)

Les Graphistes Associés

Gegründet wurden Les Graphistes Associés 1989 von Vincent Perrottet und Gérard Paris-Clavel nach der Auflösung von Grapus. Zuletzt gehörten Anne-Marie Latrémolière, Odile José, Sylvain Enguehard, Mathias Schweizer und Vincent Perrottet zu der Gruppe. Sie arbeiteten für alle, die ihnen die Möglichkeit gaben, die Öffentlichkeit zum Nachdenken anzuregen, anstatt sie zum Konsum zu überreden. Das sind vor allem Arbeiten für Kunst und Kultur, den Frieden, gegen AIDS und jeden Angriff auf die menschliche Würde. Grafik war für sie politisches und künstlerisches Ausdrucksmittel.
In ihrem Atelier arbeiteten drei kulturelle Generationen zusammen. Diese Milieu- und Kulturunterschiede »führten zu einem reichhaltigen Resultat, wenn sie fusionierten«.

Es war wichtig für Les Graphistes Associés, Zeit zu haben, um ein Thema richtig studieren und von allen Seiten beleuchten zu können. Zu eilige Aufträge wurden meist abgelehnt oder der Termin wurde verschoben. Die Bilder für das Theater de Rungis entstanden teilweise sechs Monate im Voraus. Die Produktion erfolgte gemeinschaftlich. Jeder machte seinen Vorschlag und man diskutierte darüber. Anschließend übernahm einer die Verantwortung für die Realisation und den Kontakt mit dem Auftraggeber.
Heute, im Mai 2000, löst sich die Gruppe auf. Anne-Marie und Odile sagen, dass einige von ihnen Freiheit und Liberalismus (liberté et libéralisme) verwechselten. Das Teilen des Geldes, der Kreativ- und der Produktionszeit, die tägliche Atelierorganisation und die Schulungen hätte gerecht sein,
und mit guter Stimmung umgesetzt werden müssen. »Das war unsere Utopie.« (elle ne s'est réalisée que le temps de pouvoir la regretter.)

Interview mit Vincent Perrottet

Gibt es soziale Bilder?

V.P.: Ich habe den Eindruck, jedes Bild ist sozial. Jedes Bild wurde dafür gemacht, die Menschen zu sozialisieren. Interessanterweise könnte man aber sagen, dass es nicht-soziale Bilder in der Hinsicht gibt, dass sie eher die Tendenz haben, eine Distanz zwischen den Menschen zu schaffen. Und es gibt Bilder, die schaffen eine Annäherung, die Lust machen auf Diskussionen, auf Brüderlichkeit, im besten Fall auf Liebe. Man darf nicht zu viel erwarten, aber es ist möglich. Wenn zwei Leute sich treffen und sich dann in dasselbe Bild verlieben...
Es gibt somit Bilder, die dazu da sind, Menschen zu trennen und andere, die dazu dienen, Menschen zusammenzubringen. Wenn wir also soziale oder auch kulturelle Bilder machen, dann deshalb, um Beziehungen und Diskussionen zu schaffen. Haben wir dieses verfehlt, sind das immer noch Bilder, die dem Individuum Fragen stellen. Und diese Fragen stehen immer in Beziehung zu seinem Platz in der Gesellschaft. »Warum bin ich derart entfernt von der Kultur und ihrer Repräsentation«, ist so eine soziale Frage. Wenn jemand diese Bilder hier nicht versteht, dann stellt das seine Beziehung zur heutigen Kultur in Frage. Wenn wir Bilder machen,

Plakat für den Verein droits Devant, 1995 »Ich habe Angst vor einer Gesellschaft, die derart auf den Wettbewerb ausgerichtet ist... eine Gesellschaft, die uns zu sagen wagt: ›Sie müssen Gewinner sein‹. Aber was sind denn Gewinner, als Fabrikanten von Verlierern. Ich habe nicht das Recht, Verlierer herzustellen...« (Albert Jacquard)

Anne mit dem Plakatentwurf »Septième Ciel« (der siebte Himmel) für das Théatre du Chaudron

selbst politische, dann versuchen wir, sie nicht zu exklusiv zu machen. Wir machen keine Bilder, um Leute auszuschließen, sondern eher, um Fragen zu stellen.

Es gibt aber ebenso die Bilder, die keine Fragen stellen, die keinen Dialog wollen, sondern schlicht Bedürfnisse wecken und verkaufen...

V.P.: Das ist meiner Meinung nach das ganze Gegenteil. Das einzige Angebot der Werbebilder ist zu kaufen. Die funktionieren zumeist über Fantasien und Darstellungen von Standards. Manchmal wollen sie glaubhaft machen, dass sie in Richtung Solidarität funktionieren. Aber das geht an der Realität des Kaufes vorbei. Der Kauf hat die Tendenz, Personen zu isolieren. Wir waren nie stärker isoliert, als seit dem Moment, da wir Konsumenten wurden. Der Individualismus entwickelt sich auf dieser Basis. Konsumieren oder Besitzergreifen ist etwas, wodurch wir unaufmerksamer dem Anderen gegenüber werden. Für viele, die nicht viel nachdenken, ist das aber leider ein Ziel geworden. (...) Aber um zu kaufen, muss man Geld verdienen. Um Geld zu verdienen, muss man arbeiten. Um zu arbeiten... heutzutage ist das Konkurrenz. Man spricht leider sehr wenig von Arbeitsteilung. Man vergleicht nicht seine Einkünfte mit denen der anderen. Das ist übrigens ein echtes Tabu. Das alles führt natürlich nicht dazu, dass man aufeinander zugeht. Aber es ist ja ganz klar, die meisten Bilder sagen es ja ganz deutlich: Man muss konkurrenzfähig sein, man muss Gewinner sein, man muss eine schöne Frau und ein schönes neues Auto haben. Das sind also auch Bilder, die auf ihre Weise ein Gesellschaftsbild vermitteln. Sie schlagen einen ganz bestimmten sozialen Kontext vor. Alles ist schön, alles ist toll, alles ist sauber, alles ist gereinigt. Wovon? Ich glaube sie sind gereinigt von der Armut. Ich frage mich nur, was sie mit den Armen machen werden.

Die sind schwer zu recyceln.

V.P.: Die Deutschen haben ja schon die Lösung gefunden. Sie haben daraus Haarbürsten gemacht, Lampenschirme, Seife...
Man sieht die Armen nicht mehr in ihren Bildern. Man sieht nichts Schmutziges mehr, alles ist sau-

Briefmarken, 1990

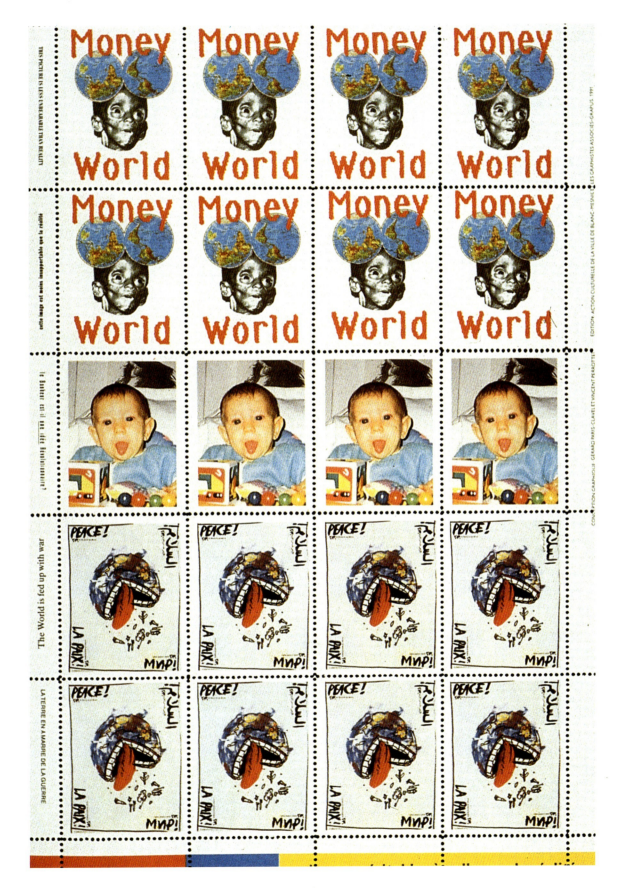

»Le Pen-Hitler«, 1990, Plakat von Demonstanten auf einer antirassistischen Demo getragen

ber. Oder falsch schmutzig, wenn einige junge Grafiker dort eintauchen und ihre Kodes mitbringen. Das gibt eine kleine ikonografische Dynamik. Aber der Rest ist eine durch Geld befreite Welt ohne Armut.

Die Lösung ist politisch nicht bildnerisch, das ist klar. Das wäre zu schön. Aber man kann schon mal damit beginnen, Bilder zu vermeiden, die auf diesen Abgrund hinsteuern. Die soziale Kluft ist zwangsläufig begleitet von der Ausgrenzung eines Teils der Menschen.

Wenn die vorherrschenden Bilder das anbieten, dann heißt andere Bilder machen schon Wiederstand leisten (résister), wie es auch sei. Damit wird schon ein anderer Typus Gesellschaft vorgeschlagen. Und da sind wir mitten im Sozialen.

Erreichst du die Meinungen der Leute auf der Straße, wenn du Plakate machst? Gibt es einen Rücklauf, eine Antwort?

V.P.: Ja. Wir haben ganz verschiedene Arten von Rücklauf. Das hängt von den Bildern ab. Auf die politischen Plakate haben wir sofort die Antwort, weil wir es sind, die sie in die Straße tragen. Wir gehen runter zur Demonstration, halten unsere Plakate oder kleben sie mit Scotchband fest. Es gibt da vielleicht 10- bis 100-tausend Leute und wenn wir mit tausend Bildern losgehen, kommen wir mit Null wieder. Und man sieht keines auf dem Boden, d.h. sie sind gut aufgenommen worden. Das ist nicht erstaunlich, weil wir mit solidem Material arbeiten. Wir bieten Bilder an, die sehr offen sind, die zum Nachdenken anregen. Das Bild von Le Pen-Hitler ist eine Reaktion auf die Brutalität der Äußerungen von Le Pen. Und warum funktioniert so etwas immer? Weil die Leute es sich aneignen können. Wenn sie uns die Bilder abnehmen, sagen sie, das sei für das Büro oder den Klassenraum oder für Freunde. Im Allgemeinen haben wir für die politischen Bilder eine sofortige Reaktion, wir drucken ständig nach und die Leute verteilen sie. Die Bilder werden sehr bekannt. Das ist wahrscheinlich auch der Grund, warum wir etwas bekannt geworden sind. Die anderen Bilder, die wir machen, die kulturellen, existieren eher am Rande. Ein Plakat wie dieses, für das Haus der Märchen, ist in einer Auflage von 150 Exemplaren gedruckt. In einer Region von 16 Mill. Einwohnern ist das nichts, ein feuchter Knallkörper. Darauf haben wir also nur

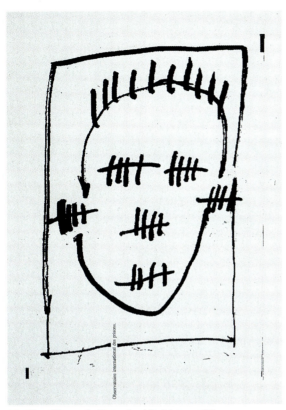

Plakat für »L'Observatoire International des Prisons«, 1992

»Die Welt hat die Schnauze voll vom Krieg«, Plakat getragen auf einer Demo gegen den Krieg, 1989

Reaktionen von Leuten, die ganz dicht am Thema sind. Doch die Bilder existieren auch nach den Informationen, die sie geben. Sie schreiben sich in die Geschichte ein. Ich vermute, man könnte diese Bilder genauer analysieren, aber das kostet etwas Geld. Dazu müsste man sich neben ein solches Bild stellen und die Leute fragen, was sie dazu denken, man müsste herausfinden, wie sie schauen, man müsste sie beobachten.

Interessanterweise hatten wir nie eine gewaltsame Reaktion auf unsere Bilder. Man kann ein Bild sehr negativ aufnehmen, aber niemals wurde eines ganz abgelehnt. Das ist aber normal. Wenn wir sehr aufmerksam den Sinn der Bilder studieren, können wir uns nicht so leicht irren. Außer, wenn eine ganze Gruppe von Menschen durch unsere Bilder in Frage gestellt wird, wenn wir sie denunzieren, dann werden jene das nicht gut finden, aber dafür ist es ja gemacht. Das ist dann auch ein Erfolg.

Dann gibt es aber das Problem, dass vielen Produzenten von Bildern, z.B. den Fernsehleuten nicht recht bewusst zu sein scheint, was sie in den Köpfen auslösen können.

V.P.: Ist es denn so interessant, diese Bilder zu verstehen? Die meisten Bilder, die für das Fernsehen produziert sind, haben nicht viel Sinn oder es sind Wiederholungen schon existierender Bilder. Das ist eine Art permanente Clownerie. Es gibt recht wenig Nachwirkung für die meisten dieser Sendungen. Selbst wenn man sich vorstellt, jemand macht eine Sendung, die etwas durchdachter ist, findet sie sich doch in einer Rahmenbedingung wieder, die praktisch den ganzen Sinn frisst. Das Fernsehen ist ein Kontext. Die Produzenten haben beschlossen, dass es ein Behälter ist, mit einem bestimmten Volumen – für das Fernsehen 24 Stunden, für ein Magazin 96 Seiten – und ob sie etwas zu sagen haben oder nicht: sie müssen es füllen.

Nun hat man aber nicht immer etwas zu sagen.

V.P.: Es gibt immer wieder Leute, die sagen: »Wir sind unglücklich.« (Ich rede nicht von den Armen, sondern von Leuten in ähnlicher Situation wie wir.) »Ich weiß nicht, was ich machen soll«, sagen sie. »Na dann macht doch einfach nichts. Ist doch toll, nichts zu machen.« Das ist manchmal fantastisch, nichts zu sagen, nur die Dinge betrachten,

Atelierfoto, les Graphistes Associés tragen Plakate für die Kunstgalerie Françoise Courtiade, 1987 und 1995

umher zu spazieren oder jemandem zuzuhören. Es ist schlimm zu sprechen, wenn man nichts zu sagen hat. Weil man damit einen Raum besetzt. Oder man spricht mit sich selbst, aber dann wird man als verrückt erklärt (obwohl es oft interessant ist, was jene so erzählen)... Aber es ist unglaublich, wieviel Raum besetzt wird durch Wiederholung oder durch Dinge, die unnütz oder uninteressant sind.

Das ist natürlich eine Inflation von Bildern und Texten, die zu Lasten interessanter Äußerungen geht.

V.P.: Ja, so etwas nimmt Platz weg. Das ist schade. Aber es ist nicht allein die Verantwortung der Produzenten dieser Nicht-Relevanz, auch nicht nur die der Besitzer von Fernsehstationen, Magazinen oder der Werbeflächen. Es ist auch die Verantwortung der Leute, die hinsehen. Sie sind nicht ohne Verantwortung.

Viele nehmen das Fernsehen doch nur als elektronische Tapete wahr, weil es lustig flimmert. Sie schauen doch nicht mehr bewusst hin.

V.P.: Du wirst mir vielleicht noch sagen, es sei natürlich, nicht mehr acht zu geben, was man macht. Wir atmen, ohne darauf zu achten, dass man die Luft nicht mehr atmen kann. Wir schauen, ohne darauf zu achten, dass das, was wir sehen, nicht ansehnlich ist. Wir sind in der Straße und beachten nicht, dass der Lärm zu stark ist, dass die Architektur immer hässlicher wird... Also sind wir in einem Zustand, in dem wir unsere Aufmerksamkeit verloren haben. Das ist gefährlich. Doch man muss nicht verzweifeln. Es gibt ja noch Hoffnung. Gestern arbeitete ich mit Lehrern, die später mal in Gymnasien lehren werden. Man muss beginnen, wieder aufmerksam zu sein. Man muss lesen lernen, die Zeichen und Informationen decodieren lernen. Sonst wird alles in einem enormen Brei untergehen und es bleibt nur noch eine Art Karikatur.

Interview: Holger Bedurke, Paris, 23.6.1997

Auszug aus dem Katalog von Les Graphistes Associés (Edition Dumerchez, März 2000)

1998 stellten die deutschen Grafiker Sandy K. und Holger Bedurke eine Reihe Fragen an Gestalter wie Les Graphistes Associés, dank derer wir etwas darüber nachdachten, was wir machen.

Wie definiert ihr euch?

Was ist ein Grafiker?
Jemand der hört, schreibt und, wenn er kann, grafische Formen, Zeichen und deren Kombinationen erfindet.

Was bedeutet Grafik?
Grafik ist ein Bereich der Ausdrucksweise im Dienst der Gemeinschaft – oder nicht, der die Beherrschung der Sprache und den Sinn der Formen, ihren Gebrauch und ihre Verteilung vorraussetzt.

Wie definiert ihr die Rolle des Grafikers in der Gesellschaft?
Das ist dieselbe wie jene eines Mediziners, eines Bäckers, einer Schauspielerin, eines Arbeiters…
– der durch seine Praxis oder Arbeitsweise, die Beziehungen und Verhältnisse zwischen den Menschen verbessert,
– der die Qualität des Sehens/des Blickes verbessert,
– der Dinge lesbar macht, wenn es notwendig ist, was ja nicht immer unbedingt der Fall ist,
– der unablässig sein formales Vokabular und seine Grammatik neu erfindet.

Verantwortung

Hat der Grafiker eine spezifische Verantwortung?
Wie jeder Mensch, der eine für die Organisation zwischen den Menschen nützliche Technik oder Sprache beherrscht, ist der Grafiker verantwortlich für seine Bilder und Akte.
Eine Großzahl der Grafiker produziert visuelle Botschaften, an die sie nicht glauben, ohne einen künstlerischen Anspruch daran zu haben, indem sie die Ideologien und Methoden ihrer Auftraggeber kopieren. Das ist der Bereich der Werbung, der voll ist von visuell Unverantwortlichem.
Bestochen/verführt vom Geld, von kleinbürgerlichem Komfort und der Illusion, der Macht zu folgen. Heutzutage gibt es in den entwickelten Ländern visuelle Verschmutzung und Übersättigung des öffentlichen Raumes durch Bilder des Massenkonsums ohne Fantasie und Einfallsreichtum. Die große Mehr dieser Bewegung, enz seiner Mitbürge

 Leben in den inn einer poli und Gruppen, indem er mitar olitik machen, er Werbung, die r Ideologie verzögern, eigene und diese mit

Welche Themen/Aufträge bearbeitet ihr am meisten oder bevorzugt ihr zu bearbeiten?
Alle Themen, die uns die Lust und die Möglichkeit geben, nachzudenken, zu erfinden (créer), uns zu amüsieren, eine Komplizenschaft mit dem Auftraggeber zu entwickeln, der seiner Natur nach uns und die Öffentlichkeit respektiert.
Die Wahl heutzutage ist ziemlich einfach: Ein/e Theaterregisseur/in, ein/e Ausstellungsmacher/in, ein/e Verantwortliche/r für die öffentliche Gesundheit, ein/e Architekt/in von Talent bieten uns in unseren Augen mehr, als ein Marketingdirektor, der den millionsten Einwegrasierer verkaufen möchte.

Arbeitsmethoden

Habt ihr bevorzugte Arbeitsmethoden? Welche?
Weder Chef noch Stechuhr.
Ein Ort, wo es sich gut arbeiten und nachdenken lässt, mit Freunden und immer etwas zu trinken.

Arbeitet ihr allein/im Kollektiv/ in Zusammenarbeit mit anderen?
Les Graphistes Associé(e)s sind ein Kollektiv von fünf Leuten mit unterschiedlichen Altersstufen, Persönlichkeiten und Ansichten. Alle sind (associés), also verantwortlich, im günstigsten und schlechtesten Fall, für die Arbeitsmittel und Bilder.

Plakat zum Tag der Vorbeugung gegen den Selbstmord, 1997

Plakat für das Téatre de Rungis »La Fausse Suivante« von Marivaux, 1996

Atelierbild gehalten von Anne-Marie

Plakat für das Téatre de Rungis »Les Marrons du feu/Le Dernier Sursaut«, plakatiert mit und ohne Text, 1993

Les Graphistes Associés

Wie gestaltet ihr eure Beziehung zu den Auftraggebern?

Mit den Auftraggebern muss man das Thema teilen, damit man dann die Bilder teilen kann. Sie interessieren sich für unser Gebiet. Wir interessieren uns für ihr Gebiet.

Haltet ihr den Arbeitsprozess oder das Resultat für wichtiger?

Wenn die Beziehung zu einem Auftraggeber gut ist, ist auch das Resultat gut. Ist diese Beziehung nicht gut, gibt es auch kein Resultat, da sie vorher endet. Niemand wird uns zwingen, schlechte Bilder zu machen.

Habt ihr Reaktionen auf eure Projekte? Welche?

Die öffentlichen Reaktionen und die unserer Kollegen auf unsere Bilder ermutigen uns, in unserer Art zu arbeiten, und weiter zu machen.

Die Medien

Welche sind eure bevorzugten Medien oder Ausdrucksmittel?

Lässt man uns gut sein, sind für uns sind alle Bildträger gut, welche nicht die Umwelt verschmutzen. (eine 3m x 4m Werbefläche nutzt aber oft den städtischen Raum ab)
Das Plakat ist ein Bildträger, den wir sehr schätzen. Es ist schön, wenn man es schafft, den Sinn einer Forderung oder einer Theaterinszenierung auf ein Bild zu konzentrieren.
Ein gelungenes Plakat, das schön, gut gedruckt oder wirklich subversiv ist, kann über die Information hinaus noch Auge und Geist von Generationen von Betrachtern bereichern.

Was haltet ihr von den Massenmedien?

Die Massenmedien sind zu einem enormen Weltmarkt verkommen und lassen sich, vom Staat geduldet, durch Werbespots, die alle Informationen zerhacken, bezahlen.

Findet ihr es interessant, euch der Massenmedien zu bedienen?

Um sich ihrer zu bedienen, müsste man sie befreien und neu erfinden. Man bräuchte die Kraft eines Genet oder eines Mandela, um sich aus einem Gefängnis heraus ausdrücken zu können.

Meint ihr, das Plakat ist ein effizientes Kommunikationsmittel?

Ist es gut, dann ist es auch effizient und für die menschliche Intelligenz nützlich wie ein gutes Buch, ein guter Film, eine gute Malerei, eine gute Inszenierung…
Ein Plakat, damit es andere berührt, muss nicht versuchen zu kommunizieren (ein durch die Werbung verdrehter/irregeführter Begriff), sondern den Blick unterwandern.
Die Plakate, die wir gerne machen, haben kaum noch eine Zukunft. Offizielle Plakatanschläge sind zu teuer und Wildplakatieren ist gesetzlich verboten. Es gibt keine öffentlichen Plakatflächen mehr. Es gibt nur noch bezahlte Messages.

Finanzen

Wie finanziert ihr eure nicht-kommerziellen Projekte?

Wir sind selbst ein No-Profit-Betrieb mit beschränkter Finanzkraft. Mit viel Energie und eigenem Geld schaffen wir es, ein paar Bilder für uns und die Umwelt zu machen.
Geld ist heutzutage gleichbedeutend mit Massenkonsum, Ungerechtigkeit und sozialer Frustration. Geld ist kein Tauschmittel sondern eine Waffe zum Unterwerfen, Versklaven, Töten.
Es lebe das Kostenlose und das Teilen!

Akzeptiert ihr öffentliche oder private Subventionen?

Wir akzeptiren jede echte Hilfe, d.h. eine Hilfe, die uns nicht zu Gegenleistungen oder zum Akzeptieren von Allgemeinplätzen verpflichtet oder zum Aufgeben unseres eigenen Standpunktes. Es gibt keine wahren privaten Mäzene mehr. Ihre Erben sind von der Marktwitschaft vergiftet.
Es bleiben aber noch ein paar wenige Personen, die im öffentlichen Dienst arbeiten und die nicht der Meinung sind, dass man Steuergeld vergeudet, wenn man Autoren hilft, den Garten der Kunst zu beackern.

Übersetzung H.B.

fabrication maison

Fabrication maison ist ein Zusammenschluss unterschiedlicher KünstlerInnen, die in erster Linie Bilder diskutiert, produziert und zirkulieren lässt. Sie bedienen aber ebenso andere Kunstformen, wie: Fotografie, Design, Theater und Literatur. Bilder müssen für sie Träger von sozialen und kulturellen Bedeutungen und Fragen sein. Die Bestimmungsorte ihrer Arbeiten sind der öffentliche Raum, die Stadtbezirke, denn sie transportieren Botschaften kollektiven Interesses und sollen Instrumente für den Dialog sein. In diesem Sinne versuchen sie beständig Netzwerke zu schaffen und fachübergreifend zu arbeiten. So nimmt es nicht Wunder, dass der größte und wichtigste Teil ihrer Arbeit nicht direkt sichtbar ist, wenn sie Monate damit verbringen, mit Stadtbezirksverordneten, Schuldirektoren, Lehrern und Kindern Projekte zu organisieren.

S'OUV'rire (Sich auf(m/l)achen) mit den Kindern von Elsau im Elsass

Diese Workshops zum Thema »Grafik und Staats/Bürgersein« fanden von September 1997 bis Dezember 1998 in Straßburg in der Léonardo-da-Vinci-Grundschule sowie der Grundschule Martin Schongauer im Rahmen der Programms für die Neuregelung der Schulzeiten statt. Sie wurden von der Stadt Straßburg mit Unterstützung des Soziokulturellen Zentrums des Elsau-Viertels und der DRAC (Direction Regionale des Affaires Culturelles, die auf die Regionen Frankreichs dezentralisierte Vertretung des französischen Kulturministeriums), Alsace organisiert.

»Workshop-Worte«

Der Andere, Dasein, begegnen, teilen, gemeinsam... Diese Worte stehen am Anfang der im Workshop ausgetauschten Bilder und Worte:
»man sucht es sich nicht immer aus, mit jemandem zusammenzuleben«, »wenn es mich nicht gäbe, wärest du nicht gerade dabei, mit mir zu reden«, »manchmal ja, manchmal nein«...
Sie ermöglichen es, sich Fragen über sich selbst zu stellen, über die Beziehung, die Verbindung zwischen mehreren Personen. Anschließend werden Skizzen entworfen. Die Bilder entstehen im Laufe eines langen Prozesses: eine Idee wird ausgewählt, Zeichen und Symbole entworfen, unterschiedliche Techniken umgewandelt und benutzt. Das Bild wird als Schrift aufgefasst. Die fertigen Bilder werden wiederum gemeinsam in der Klasse besprochen und können somit der Ursprung neuer Ideen sein.

Katalog »S'OUV'rire«

Die unterschiedlichen Schritte des Projektes
September 1997:
Vorstellung der Workshops an der Léonardo-da-Vinci-Grundschule und der Grundschule Martin Schongauer im Rahmen der Programms für die Neuregelung der Schulzeiten.
Dezember 1997: Die hergestellten Bilder werden an vor den Schulen aufgestellten Plakatwänden angebracht.
Januar 1998:
Fünf Lehrer der Martin Schongauer Schule schließen sich dem Projekt an.
Juni 1998:
Ende der Workshops.
Die Projektgruppe beteiligt sich am Festival der Straßenkünste.
Siebdruck-Workshop im Aquatinte-Bus, der von der Stadt Straßburg bereitgestellt wird.
Alle hergestellten Bilder werden auf Plaktwänden am Nicols-Foussin-Platz ausgestellt.
Ausgehend von den Bildern findet durch die Kompagnie ici-même die Inszenierung »Stadtüberraschungen« im öffentlichen Raum statt.

Dezember 1998:
Anlässlich des 50. Geburtstages der Menschenrechte werden Begegnungen zwischen fabrication maison und aller am Projekt beteiligten Kinder organisiert. Die Idee für die Plakate und Veröffentlichungen entstanden im Zuge dieser Begegnungen.
29. Januar 1999:
Ausstellung in der Galerie L'En-Verre (Hinter Glas/Verkehrtherum) in Straßburg, die Plakate werden an den städtischen Plakatwänden angebracht.
Seit 1999 wird die Ausstellung S'OUV'rire an neun Orten in drei Regionen gezeigt und von Workshops begleitet, die die Teilnehmer mit den Themen vertraut machen sollen.

Die Kinder, die am Projekt mitgemacht haben:
Fatima Aamara, Nabil Aberkane, Aasiya Ammi, Aylin Altun, Marlon Andrianarisoa, Jasmina Azirovic, Sana Belkacemi, Mouna Bendiab, Aurore Bodin, Yamina Boukhriss, Jemal Bulut, Michael Cardet, Ercan Cicekci, Cindy Collignon, Samia Djerdir, Elodie Diebolt, Mehtap Dikme, Meltem Dikme, Jessica Dujol, Nourdine El Ouallali, Sébastien Festin, Narimane Hedli, Adrian Jacquier, Serge Kamara,

Der Andere

fabrication maison

Guten Tag mein Freund

Resul Kaplan, Marguerite Kempf, Aline Meckes, Stéphanie Klughertz, Christelle Kleinmann, Elodie Kohler, Julien Maag, Manuela Meckes, Vanessa Minck, Soumeya Mortier, Naima Nesrat, N'Guyen Nathalie, Marie-Isabelle Nicolle, Natacha Nicolle, Steve Perrin, Shandra Poussin, Rabie Sbaa, Michael Siegler, Victorien Simon, Hatice Sogut, Bao Vang, Willy Vos, Julien Waechel, Tou Wang, Géraldine Wendling, Amin Zeghad, Amar Zerig.
Konzeption und Durchführung: fabrication maison, Bilderwerkstatt,
Künstlerische Leitung: Jean-Marc Bretegnier
Produktion: Magali Ohlmann
Grafiker: Emmanuel Clabecq, Gilles Dupuis, Virginie Legrand et Véfa Lucas
Architekt: Laurent Kohler
Fotograf: Jean-Louis Hess

**aus dem Heft »S'OUV'rire«
von fabrication maison**

Thierry Lesage, Grundschullehrer an der Martin-Schongauer-Schule:
Mit meinen Erstklässlern haben wir uns mit dem Thema »Annäherung an das Staats/Bürgersein« auseinandergesetzt. Wir wollten dazu Plakate entwerfen. Sehr schnell haben die Kinder sich Fragen gestellt:
Wie können wir in der Klasse miteinander auskommen? Dem anderen aufmerksam zuhören, ihm ins Wort fallen, ihn in seinem Andersein respektieren? Kann man mit jemandem spielen, dessen Vorstellungen von den eigenen abweichen?
Von diesen Fragen sind die Kinder ausgegangen und haben in den Sitzungen mit den Grafikern, die regelmäßig in meine Klasse kamen, eine »Vorstellung« mit schwarzem Filzstift oder mit schwarzer Farbe gemalt.
Die Kinder fühlten sich betroffen, sie waren sich bewusst darüber, das es nicht einfach ist, in einer Klasse miteinander auszukommen, dass man dafür den Anderen in seinem Anderssein respektieren, die Bedürfnisse des Anderen wahrnehmen muss.

Während der Erstellung der Bilder waren die Kinder aktiv und mit voller Konzentration dabei. Voller Ungeduld und Jubel erwarteten sie Jean-Marc und seine Helfer, weil es ihnen grundlegend erschien, den Sinn eines Satzes oder einer Vorstellung über das Zusammenleben zu hinterfragen, bevor man diese Sätze in Ideen umsetzt.
Parallel dazu haben sich die Kinder mit dem Lesen von Bildern und ihres Sinns beschäftigt, um schließlich die Botschaft herauszuarbeiten.
Dies ist äußerst wichtig, wenn man mit Erstklässlern zu tun hat, die gerade die Welt der Schrift betreten und beginnen, den Sinn dessen zu verstehen, was man ihnen vorsetzt.
Die Herangehensweise der Grafiker hat mir sehr gut gefallen: ihre Suche nach dem Sinn und ihren Wunsch, Kinder dazu zu bringen, sich Fragen zu stellen und so ihren kritischen Geist zu fördern.
Die Arbeit endete im Juni mit einem Siebdruck-Workshop, wo die Kinder etwas über die Technik gelernt und Bilder und Plakate hergestellt haben.

Kompagnie ici même:
(Ici même ist eine Bühnenbildnergruppe, die »Stadtüberraschungen« inszeniert)
Einige Bemerkungen zu L'île était une fois (Es/die Insel war einmal):
Wir sollten in Elsau im Watteau-Viertel die Aktionen gezielt an die Öffentlichkeit bringen, die das ganze Jahr über vom Grafikerteam fabrication maison mit ihren Partnern aus dem sozialen und pädagogischen Bereich in Workshops erarbeitet wurden. Wir hatten uns sofort darauf festgelegt, mit dem Material zu arbeiten, das die Einwohner hergestellt hatten.

Wir waren also in Elsau angekommen und sind den Spuren nachgegangen, die die Bewohner mittels

Schrift und Bild hinterlassen, mit denen sie in der Dichte des öffentlichen Raums das Wort ergriffen hatten. Der öffentliche Raum ist kein unberührtes Feld. Wir waren bestürzt über die eingeschlossene Lage von Elsau: zum Osten hin vom restlichen Straßburg durch eine von Schrotthändlern gesäumte Autobahn abgetrennt, nach Norden hin überragt durch eine Gleisstrecke und von Süden nach Westen durch einen Kanal begrenzt.
Wir wollten, dass unsere Aktionen auf eine Begegnung zwischen den unterschiedlichen Bevölkerungsgruppen des Viertels mit der Öffentlichkeit des Stadtzentrums hinausläuft.

Vier Tage lang plakatierten wir nachts die Überraschungen, die am Tage hergestellt worden waren: viele Einwohner kannten bereits diese Bilder, die in Workshops erarbeitet wurden und die man auf Plakatwänden vor den Schulen hatte entdecken können.
Für das Festival der Straßenkünste hatten wir uns nach und nach im gesamten Watteau-Viertel ausgebreitet: in einigen wenigen Nächten war alles Plakatfläche geworden, öffentliche Einrichtungen, Briefkästen, Schaufenster, die Böden der Busse, die Elsau mit der Stadtmitte verbinden, selbst die Lichtschalter in den Hochhäusern, es wimmelte von Details. Aber es handelte sich nicht nur um eine große Metapher der Stadt als Plakatierfläche; wir wollten deutlich machen, dass die Sichtweisen, die Ideen, die in den Bildern der Einwohner zum Ausdruck kamen, im Verhältnis zum Alltag standen, dass sie Lebensgröße im Maßstab der Hochhäuser, der Umgebung annehmen konnten.
Wie ist ein Zusammenleben möglich, wie kann man sich nach und nach den öffentlichen Raum der großen Wohnkomplexe aneignen? Allabendlich beobachteten wir, wie sich türkische Frauen am Fuße der Hochhäuser trafen und sich auf die Bordsteinen des Viertels setzten. Es ist üblich geworden, keine Sitzbänke mehr in Wohngebieten aufzustellen, um Zusammenkünfte zu verhindern, die Ursache von Lärmbelästigung sein könnten. Also machen die jungen Männer und die türkischen Frauen deutlich, »es gibt mich«, indem sie sich auf ihren Steinpfosten setzen. Sie unterhalten sich so über mehrere Meter Abstand hinweg. Vier Tage später versuchten wir, Bilder zu plakatieren, auf denen die zum Himmel weisenden Arme und Beine einer Person zu sehen waren. Es schien, als sage sie: »hallo, da bin ich, es gibt mich«. Wir haben sie auf die Steinpfosten der türkischen Frauen geklebt. Am nächsten Tag spielten die Kinder

Gangsterboss, maßen sich aneinander, reckten die Arme zum Himmel, hoch aufgerichtet auf den Bordsteinen. »Es gibt mich.« Die Aneignung des Raumes erhielt seine volle Bedeutung.

Jean-Louis Hess, Fotograf:
Ich bin nicht hingegangen und habe die Kinder fotografiert, als ob ich einen anderen Planeten besichtigen würde. Ich habe sie fotografiert wie ich die Stars oder meinen Flurnachbarn fotografiere. Es ist das gleiche: ein Hintergrund und eine Installation im Licht. Und sie sind es, die das Foto machen; sie sind einfach da, stolz auf ihre Plakate. Das ist das Geheimnis: Es sind nicht die Kinder dieses oder jenen Viertels, es sind die Kinder unserer Welt. Und auf der ganzen Welt ist es so: wenn man Kinder mit Liebe betrachtet, wenn man ihnen vertraut, von ihnen erwartet, dass sie gut sind, sind sie noch besser als man erwartet hat. Nicht das Viertel macht die Leute aus, sondern der Blick, mit dem man sie betrachtet.

Text: fabrication maison
Übersetzung: Odile Kennel

8E SALON DE L'EPHEMERE DU 4 AU 27 AOUT 95 FONTENAY-SOUS-BOIS

Plakat für den achten Salon de l'Ephémère von P. Colrat, 1995

Salon de l'Ephémère

**Interview mit Philippe Chat,
Organisator des Salon de l'Ephémère
(Ausstellung des Vergänglichen)**

Wann begann der Salon?

C: Es begann vor ungefähr 11 Jahren, dass es in den Städten Verantwortliche für die Kommunikation gab. In Fontenay wurde eine Person eingestellt und diese errichtete in der Stadt ein Netz von Plakattafeln, die 1,2m x 1,6m groß sind. Sie wurden in den Wohnorten aufgestellt, dadurch gibt es wirklich eine Nähe zu den Leuten.

Wurden diese Tafeln extra dafür errichtet?

C: Die Plakattafeln sind für die Stadt, für die internen Bedürfnisse der Stadt, welche vorrangig kulturellen Plakaten dienen oder Initiativen und Veranstaltungen. Es gab also 120 Tafeln, 100 davon für die Stadtverwaltung und ca. 20 für Vereine und freie Plakate.
Der Verantwortliche dafür hatte mich gefragt, ob wir eine Initiative beginnen wollen, Künstler mit diesen Flächen arbeiten zu lassen, weil im August die Tafeln frei wären. Zuerst waren wir ziemlich skeptisch, dann haben wir uns dem aber angenommen und ca. 15 Künstler eingeladen. Außerdem habe ich gefordert, dass es wenigstens einen Katalog gibt, der an die Künstler verteilt wurde. Daraus ist dann ein Salon der Straße geworden, der sich Salon de l'Ephémère nannte.
Wir luden alle ein, die wirklich pures Bild machen, wie: Grafiker, Illustratoren, Pressezeichner und Fotografen. Und den Malern boten wir andere Orte an, wie von Privatleuten zur Verfügung gestellte alte Mauern. Außerdem öffneten wir uns auch den Installationen, die im Park Platz fanden. Dies war ein ziemlich offenes Laboratorium.

In einem Jahr organisierten wir mit der Hilfe von Gérard Paris-Clavel eine Plakatausstellung, die »Qualitäts-Plakatkünstler« (Affichistes de Qualité) hieß. Vielleicht hast du ja den Katalog gesehen, mit der Titelseite von Cieslewicz. Und so haben wir die Creme der Plakatmacher eingeladen. Dabei waren: Claude Baillargeon, Cieslewicz, Les Graphistes Associés mit Gérard und Vincent Perrottet, die Grafiker Jupin, Allain le Quernec und Jean Widmer. Jeder Grafiker hatte im Katalog eine Doppelseite, die er mit seinen Texten und Bildern gestaltete.
Mir und besonders Didier Nicolini, den Verantwortlichen der Kommunikation, wurden im Anschluss daran Vorwürfe gemacht.
Die Grafiker, vor allem Gérard, beanstandeten, dass wir die Grafiker nicht während des ganzen Jahres miteinbeziehen. Daraus ist die Idee entstanden, jedes Jahr ein Grafiker einzuladen zum Thema »Stadt – urbane Zivilisation« zu arbeiten und 4 oder 5 Bilder zu machen, die im Juni während zwei bis drei Wochen auf den ganzen verfügbaren Flächen geklebt werden. Das ist beim Salon de l'Ephémère nicht der Fall, wo wir nur ca. 30 Tafeln benutzen.
So haben wir also im ersten Jahr Gérard eingeladen, der uns auch geholfen hat, das alles zu organisieren. Von ihm ist auch die Idee, dies unter dem Etikett der Künstler- und Ausdrucksfreiheit und zu

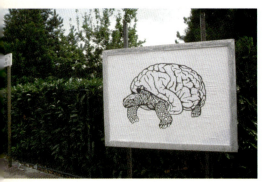
Bruno Souêtre 1995

Jean Hin 1995

Muzanhière 1997

Xavier Cohen 1995

veranstalten. Aber auch einen Auftag zu geben, das wir als Stadt ihnen nicht nur die Freiheit lassen, sondern uns auch einbringen, den Prozess der Recherche mitgestalten, dass wir uns treffen, um über die Themen zu reden.

Gérard hat so mit 5 Bildern begonnen. Anschließend gab es Claude Baillargeon, der Probleme der Gesellschaft, der Umweltverschmutzung und die Welt des Geldes hinterfragte. Danach haben wir die jungen Grafiker aus Toulouse Les Arpêtre eingeladen. Ich fand, es ist auch interessant, einen Kontakt zu den jungen Grafikern aus der Province zu haben. Ferner haben wir Michel Quarez eingeladen, der nochmal eine ganz andere Richtung aufmacht, der wirklich ein Maler-Plakatgestalter ist.

Im Jahr danach wählten wir 4 junge Grafiker, die jeder ein Plakat machten. Das waren dann Pascal Colrat, Stephan Dethy, la fabrique d'image und Bruno Souêtre. Dieses Jahr haben wir ein etwas anderes Programm, wir haben Marc Pataut eingeladen, der viel mit Gérard Paris-Clavel und dem Verein ne pas plier arbeitet. Es ist eine Arbeit über ein Foto von einem Transparent, welches auf einer Demonstration getragen wurde und das Wort »RÉSISTANCE« trägt. Und das mit einer Schrift, die von Gérard Paris-Clavel aus den Straßenschildern von Fontenay entwickelt wurde und »Straße« heißt.

Das ist also im Groben die Geschichte dieser beiden Ausstellungen, die sich mit vor allem mit Grafik in der Stadt beschäftigen.

Es ist noch wichtig zu sagen, dass es einen Unterschied gibt zwischen Graphistes dans la rue und dem Salon de l'Ephémère. Graphistes dans la rue ist in dem Sinne ein Auftrag, dass die Grafiker entlohnt werden. Zusätzlich werden die Plakate in einer Auflage von 150 bis 200 Exemplaren gedruckt, wobei sie einen Teil davon behalten. Und da diese Plakate nicht von der Stadt unterzeichnet sind, können diese weiter benutzt werden, weiter leben. So war es der Fall bei den Bildern von Gérard Paris-Clavel, die in die Vereine gegeben und auf Demonstrationen getragen wurden. Auch die Plakate »je veux ottchose« von dem Atelier Les Arpêtre wurden von Studenten auf einer Demonstration in Toulouse getragen.

Im Gegensatz dazu gibt es bedauerlicherweise beim Salon de l'Ephémère weder Entlohnung noch wirkliche Hilfe dieser Art. Wir geben den Raum für Freiheit, jedoch nicht die Mittel für die Umsetzung

René Mulas 1992

Thomas Hirschhorn 1990

Brigitte Olivier 1995

Le Salon de l'Ephémère

Muriel Paris

Michel Quarez 1991

Der Galerist Pierre Staudenmeyer der Pascal Colrat ausstellte, sagte mir kürzlich in einem Gespräch, man könne mit Plakaten in der Straße nichts mehr bewegen. Deshalb sollte man eher den Reichen helfen, ihre Ansichten, ihr Verhalten zu ändern, da sie es sind, die die Welt lenken. Was passiert also heute noch auf der Staße? Was können die Bilder in der Straße bewirken? Was waren die Reaktionen auf die Plakate?

C: Die erste Schlacht, die man meines Erachtens führen muss, ist zunächst einmal die Städte zu überzeugen, ein soches Netz öffentlicher Plakatflächen zu schaffen. Ansonsten gibt es keine feien Flächen; weder für freie Plakatierung noch für Autorenplakate. Im Moment gehen die Autorengrafiker entweder in die Galerien oder in die Plakatfestivals, in Orte wie Chaumont oder Echirolles. Aber sie sind nicht einer breiten Öffentlichkeit zugänglich.
Deshalb glaube ich, dass es sehr wichtig ist, diese Möglichkeit den Grafikern zu geben. In bezug auf die Überfülle von Werbebildern, die das Hirn zermürben, ist es wichtig, Bilder zu zeigen, die einfach nachdenklich machen und auch schön sind.

Diese Bilder, die einerseits eine Freude für das Auge sind und andererseits Fragen Stellen, sind essentiell.
Aber es ist wahr, wir haben nur sehr wenig Reaktionen von den Leuten. Es sei den, die Bilder provozieren und schocken sie. In diesem Sommer während des Salon de l'Ephémère riefen Leute an, weil einige Bilder sie so schockierten, dass sie Lust hatten, sie runterzureißen. Das haben sie dann letztlich nicht getan, sondern sie riefen mich an und setzten sich auf diese Art mit uns auseinander. Daher müsste man noch viel weitergehen und Diskussions- oder Konfliktorte schaffen, wo man über die aufgeworfenen Fragen reden kann.

Interview: Holger Bedurke, in Fontenay sous Bois, 07.10.98

Tsuneko Taniuchi

Gianpaolo Pagni 1995

Marc Pataut 1991

casa factory 1995

»Ich hab's satt zu warten«, Pascal Colrat 1996

Le Salon de l'Ephémère

Gérard Paris-Clavel über den Salon

Die Ausstellung ist in erster Linie ein Raum, der versucht, das übliche an Kunst interressierte Publikum zu erweitern, und zwar mittels der Fragen, die sich durch die unterschiedlichen Werke stellen. Es handelt sich hier nicht um Propaganda. Die Bilder werden nicht an den üblichen kommerziellen oder institutionalisierten Orten aufgestellt, wo zumeist die Realität der künstlerischen Praxis ausgeblendet und Kunst als Religion gefeiert wird, sondern in einer Straße, die vom Elend der reißerischen und sterilen Zeichen des Handels, der Kultur und der Politik überschwemmt wird...

Das Werk des Salon de l'Èphémère besteht nicht nur im Ausgestellten, und die Künstler, die daran teilnehmen, halten sich nicht für Städteverschönerer oder Illustratoren des Elends der Welt; sie sind kein unbeschriebenes Blatt, was Politik angeht. Diese Künstler schreiben die Leichtigkeit in die Zeit der Ausstellung ein, aber sie schreiben sie auch ein in die Dauer. Die Ausstellung vermag Gewaltverhältnisse auf die symbolische Ebene zu übertragen, indem sie die Straße als Hervorbringerin eines kollektiven Gedächtnisses (be)nutzt; damit stellt sie meiner Meinung nach die Realität in Frage. Darüberhinaus schafft sie eine lebendige Dynamik, die die Künstler aus ihrer Vereinzelung herauslockt. Das wiederentdeckte Vergnügen, gemeinsam zu essen, Bilder und Nahrung zu teilen... Irgendetwas in der Art von Glück. Den Organisatoren ist es gelungen, ein Vertrauensverhältnis zu den Künstlern herzustellen, die auf der Verwaltungseben oft hereingelegt wurden. Sie sind glaubwürdig, und deshalb kommen die Leute. Auf freundschaftlicher Ebene, ohne Anmaßung. Und es ist diese Art Bescheidenheit, die nach und nach Früchte trägt.

Zu »Grafik auf der Straße«

Ich kannte bereits die Ausstellung, als mir die Stadtverwaltung von Fontenay-sous-Bois 1993 freie Hand gewährte, fünf öffentliche Plakatflächen zu gestalten. Diese einfachen Flächen besitzen den Vorteil, nicht bereits durch sich selbst einen Werbevirus zu verbreiten. Sie entziehen sich noch den Fängen des Kommerzes. Das ist sehr wichtig.

Was mich interessierte war, eine Beziehung des aktiven Hörens mit der Stadt herzustellen, um die Themen, die erklingen, zu bestimmen; ich wollte gleichzeitig auch frei sein in der Wahl des Ausdrucks und der Umsetzung des Gehörten. Wie einem Wissenschaftler haben sie mir die Mittel zur Verfügung gestellt, mit meiner Kritik herumzuexperimentieren. Es ist extrem selten, dass Kritik von einer Stadt als konstruktiv aufgefasst wird. Ich habe viel besichtigt, habe Leute getroffen und aus dieser Erfahrung heraus mehrere Themen gestellt: die Stadt denken; die Dringlichkeit, sich Zeit zu nehmen; Sie sind hier; das Gedächtnis; die glückliche Stadt... Ich habe Konzepte um die Themen herum entwickelt, ich habe einen Bericht verfasst, den sie angenommen haben. Die Stadt mit ihrem Zentrum und ihren Randbezirken (aus)denken hat ergeben: Meine Stadt ist eine Welt... Die glückliche Stadt, welch eine Freude das Glück, usw.

Das Spannungsverhältnis zwischen Künstler und Auftraggeber rührt vom Unterschied zwischen produktiver und symbolischer Arbeit. Ich denke, man muss von einem Künstler verlangen, die Spielregeln einzuhalten; man lässt ihm freie Ausdrukkmöglichkeit, aber er lässt sich auf das gestellte Thema ein und bringt nicht sein eigenes mit: schließlich handelt es sich um einen öffentlichen Auftrag, der bezahlt wird, es existiert also ein Tauschwert. Gesellschaftspolitische Kunst ist notwendig. Gesellschaftspolitische Kunst heißt, am gesellschaftlichen Geschehen in der Form teilzunehmen, die dir liegt. Das ist das Beste, was man tun kann: das Wort ergreifen, indem man die Bilder benutzt.

Übersetzung: Odile Kennel

LUTTE CONTRE LA SOUFFRANCE

la fabrique d'images

Was la fabrique d'images betrifft...

Wir erinnern uns nicht mehr sehr gut, welches Wetter gerade war, als alles anfing vor ungefähr fünf Jahren, auf einem Hinterhof in Saint-Denis, nördlich von Paris.
Noch heute dient uns das, was wir Die Bilderfabrik getauft haben, als Werkstatt der grafischen Fantasie, und bereitet uns Vergnügen.
Hier kommen wir in der Woche zusammen um zu reden, uns auszutauschen und Lösungen für eigene und kollektive Probleme zu finden.
Unsere Arbeit besteht darin, Bildern, städtischen Einrichtungen, Bühnenbildern und Freizeitateliers Leben und Stimme zu verleihen, die um zudem unseren Durst nach Begegnungen und Experimenten stillen, und versuchen, auf unserem Spiel- und Schlachtfeld Stadt von Nutzen zu sein.
Die Teilnahme an der Herstellung unserer Land-Landschaft war einer der ausschlaggebenden Gründe für die Entstehung unserer Werkstatt. Eine Landschaft, die man eher mitzutragen als zu ertragen geneigt ist, eine Hinwendung zum Abscheu gegen das Alles zu Haben... all diese Länder, wo das Leben billiger ist... um sie zu ersetzen durch eine Landschaft des Alles bleibt zu tun...
Das Ergebnis und die Qualität unserer Arbeit, sicherlich mit politischem Anstrich im weitesten Sinne, hängt besonders vom Einvernehmen und der Motivation bei der Begegnung mit unseren Gönnern ab und vom notwendigen gegenseitigen Vertrauen.
Unsere Arbeiten sind im Grunde genommen das Ergebnis des Verhältnisses zwischen Leuten ,die agieren und reagieren, den Zugpferden und Bremsern, mal eher diesen , mal eher jenen, wir bleiben auf der Suche nach der richtigen Frage...
Jener, die den Blick schärft für die Überraschung, die Tatkraft, den Einfallsreichtum, das Gefühl, die Zuwendung.
Andererseits sind unsere Bilder nicht immer Früchte von Bestellungen. Da es uns eben wichtig scheint, bestimmten Bildern unbedingt zum Leben zu verhelfen, ohne einem göttlichen Ratschlag zu folgen, stellt das Atelier selbst Bilder auf seiner poetisch-politischen Suche her.
Heutzutage ist unser Atelier zu einem Ort geworden, an dem Fragen heraufziehen.
Wir lassen sie hernieder regnen auf die Straßen, Ohren, Augen und Sinne...

Was Aufträge betrifft

Ach... der Auftrag! Auf ihm beruht das ökonomische Gleichgewicht des Ateliers. Er gestattet uns ebenfalls, selbst produzierten Bildern Gestalt zu geben. Ihm ist es auch zu verdanken, dass wir uns erlauben können, dass wir unsere Bilder und unsere Zeit Vereinen zur Verfügung stellen können, die unsere ganze Wertschätzung genießen, die aber nicht die Mittel haben, unsere Arbeit zu vergüten...
So ein Auftrag kommt uns auf verschiedensten Wegen zu, oft durch Weiterempfehlung von Personen, die unsere Arbeit gesehen haben und die unsere Überlegungen zu einem Problem sehen möchten. Es bleibt uns immer die Möglichkeit, eine

Arbeit abzulehnen, sei es, weil wir sie auf Grund auseinander gehender Vorstellungen nicht machen können, sei es, weil man uns nicht die Zeit gewährt, sie unter vernünftigen Bedingungen zu realisieren.

Im Vorfeld tauschen wir uns lieber aus und bereden die Dinge, um dann erst über den Auftrag selbst zu sprechen. Das Aufgabenfeld abstecken, den Rahmen, bevor man zu dem kommt, was man im Mittelpunkt glaubt; das ganze zu umreißen, bevor man zu den rein grafischen Einzelheiten kommt. Wir weigern uns, Dienstleister zu sein und ziehen es vor, eher Lösungen anzubieten, als Aufträge zu erfüllen. So haben wir ebenfalls bemerkt, dass die Frage durch den Auftraggeber manchmal vorschnell gestellt wurde, damit hatte sich das Problem schon erledigt. Wir suchen die Möglichkeit, mit ihm gemeinsam die Fragestellung zu erarbeiten und versuchen systematisch, uns in ihn hineinzuversetzen. Nicht, um eine Frage zu formulieren, die wir gerne gestellt bekämen, sondern, um sicherzugehen, dass die gestellte Frage die richtige ist. Es kann vorkommen, dass wir einen Auftrag verändern, eher eine Klanginstallation als ein Plakat oder eher einen Workshop als eine Broschüre vorschlagen...

Häufig beinhalten stereotype, vorgefertigte und sichere Lösungen nur schon existierende Formen bewährter Praktiken, reine Werbekampagnen... oder jede gestellte Frage beinhaltet die vorverdaute Antwort, die man von uns hören möchte: geklonte, abgestimmte, gehorsame, anrechenbare Standardantworten... der potenziell zu betreuenden Konsumenten.

Was uns betrifft, in unserer Eigenschaft als Bildschöpfer und Veränderer von Landschaften, betrachten wir die Erfüllung eines Auftrags als Frucht gegenseitigen Vertrauens, die logische Folge des Einvernehmens zwischen Personen.

Wegweis-Steine

1999 gab uns die Stadt Noisy-Le-Sec freie Hand, in ihrem Auftrag eine Bilderserie zu fertigen.
Es handelte sich einfach um eine Serie von Großbildern zum Verhüllen einiger Giebel in der Stadt. Für uns stellte sich die Frage, darin kulturelle, soziale und geschichtliche Eigenheiten einzuflechten um der Stadt und ihren Einwohnern eine Reflexion ihrer selbst zu ermöglichen.

Aufwachs-Erlaubnis, 1995 Plakat und »Wandjournal«,
Begleitende Workshops zum Abriss eines großen Wohnhauses

Das Gewöhnliche ist das Besondere - 1997,
Selbstauftrag

la fabrique d'images

Im Laufe dieses Projekts, erregte uns die spektakuläre Aussicht auf Bilder von mehreren hundert Quadratmetern nicht sonderlich, abgesehen vom Spaß am grafischen Experiment. Im Vorfeld, ohne fertiges Bild, ermutigte uns die einfache Vorstellung nicht besonders, Riesiges und Unwiderrufliches in einer bereits ausreichend verdichteten Stadtlandschaft anzubringen.

Folglich verlagerten wir die Diskussion auf eine andere Ebene. Jenseits eines vordergründigen visuellen Überraschungseffekts, und um Abwehrreaktionen der Bevölkerung zu vermeiden, um ihr mehr Platz einzuräumen, als dem unbedarften Betrachter, entschlossen wir uns, der Stadt Noisy-Le-Sec einen gewagteren Vorschlag zu machen.

Wir haben bereits erwähnt, dass tönenden Bildern eine Vorstellungskraft innewohnt und diese die Fantasie beflügeln, mehr als dies Bilder dem »vorüberziehenden Betrachter« vermitteln können, in Bezug auf die inhaltliche und emotionale Auslegung. Somit gestattet es der Ton, über die Sprache des Bildes hinauszublicken. Die Erfahrung ist persönlicher und gestattet dem Zuhörer, eigene bedeutsame Erfahrungen bei seiner Deutung einzubringen. Es ist an ihm, dem ein Bild hinzuzufügen... sein eigenes.

Also lassen wir lieber die Stadt für sich sprechen und dies auf der Straße, als in autoritärer Manier ein überdimensioniertes Selbstbildnis auf sie zu projizieren.

Eben auf diese Weise kann man jene überraschen, die vermeinen, ihre Stadt zu kennen. Gleich einem Löffel in der Salatschüssel, gehen wir daran, die tönenden Landschaften von einem Viertel in das nächste zu umziehen zu lassen. So kann man also auf der Straße des hiesigen Viertels Geräusche des weiter entfernten hören, indem man die Geräuschkulisse einer Schule in ein Altstadtquartier verpflanzt, die intime Landschaft des »Zuhause« in den öffentlichen Raum...gleich neben einem Wegweis-Schild mit gigantischer Kilometerangabe mit einer Klangexplosion zu jeder Stunde des Tages. Als Ausgangspunkt in Richtung Liebe, Traum oder woandershin...

Die Stadtverwaltung hat diesen Gegenvorschlag akzeptiert, der ihr zwar gewagter, aber auch aufregender erschien, mit dem vorrangigen Interesse, dies als ein Projekt mit Nähe zum Leben der Bewohner gelten zu lassen. Man ließ uns also mehrere Monate, um in die Stadt einzutauchen und in verschieden Vierteln, Räumen und Lebensbereichen Klänge zu erfassen.

Später wurden sieben Wegweis-Steine von vier Metern Höhe und 700 Kilo Gewicht über das Stadtgebiet verteilt, die das Thema Stadt unter folgenden sieben verschiedenen Gesichtspunkten darstellten: Richtung Heimat, Richtung Jetzt, Richtung Gestern, Richtung Schule, Richtung Bahnhof, der Natur entgegen...

Einmal auf der Straße, konnten die Geräusche aus den Inneren von Noisy auf der Straße Platz finden. Vom Zähneputzen zum Geschirrklappern, über die abendlichen Verrichtungen, die Geständnisse der Alten über ihr Gefühlsleben, die Kriegszeiten, eine Chorprobe im Konservatorium, das Mahl in der Kantine, breiteten sich die Geräusche im öffentlichen Raum aus. Noisy hatte Null Kilometer Entfernung sich selbst. Jeder konnte also ein Ziel ansteuern, das er bereits vorher erreicht hatte.

Text: la fabrique d'images
Übersetzung: Michael Schramm
(Anmerkung zur Übersetzung: In Frankreich dienen die Kilometersteine mit Ortsangaben mehr der Orientierung, als Schilder. Deswegen wurde als Gegenbegriff für Hin-weisen Weg-weisen verwendet.)

Franzosen aller Länder, 1996.

Attac, 1999, Tract pour information et manifestation.

Das ist nur der Anfang, 1997, Selbstauftrag

STELLVERTRETER

Pascal Colrat

Pascal Colrat lebt und arbeitet als Grafiker in Paris.

Welche Rolle hat Grafik in der Gesellschaft?

P.C.: Ich meine, wenn du die Möglichkeit hast, zu sprechen, wenn man dich fragt, ein Plakat, ein Buch oder eine Zeitung zu machen, dann ist das eine große Verantwortung. Es gibt sehr viele Leute, denen das Wort versagt bleibt, die niemals reden, die man niemals nach ihrer Meinung fragt. In der Öffentlichkeit zu Worte kommen, bedeutet also eine große Verantwortung, die man würdigen muss. Das ist, wenn du so willst, die Rolle des Grafikers. In einer Welt, wo wir von Zeichen bombardiert werden, ist es vielleicht auch die Rolle des Grafikers, Antworten auf dieses Bombardement zu geben, mit Bildern, die einen Sinn haben, die das Auge reinigen, wie Roman Cieslewicz sagte.

Gibt es politisch-soziales Grafikdesign?

P.C.: Ja, politisch-soziales Grafikdesign existiert. Wie ich es definieren würde? Vielleicht über die Ablehnung bestimmter Zwänge. Wenn du für bedeutende politische Parteien arbeitest, für die Grünen, Le PC (Parti Communiste), erträgst du starke Zwänge. Es gibt den Auftrag, deine Antwort darauf und dann die Reaktion des Auftraggebers. Und ich glaube, dafür gibt es zwei Lösungen: Entweder akzeptierst du die Bedingungen und änderst den Inhalt deines Bildes oder du lehnst diesen Kompromiss und im Extremfall sogar die Arbeit mit solchen großen Strukturen ab. Dann wirst du eher mit kleinen Bezirksstrukturen arbeiten, mit Leuten aus deiner Nähe, die dir eine größere Freiheit lassen. Da gibt es vielleicht etwas zu finden. Deshalb arbeiten sehr wenige Grafiker in Frankreich mit großen politischen Parteien. Normalerweise machen das die Agenturen, weil die politischen Parteien oft selbst Schwierigkeiten haben, zu definieren, was sie öffentlich sagen wollen.

Das ist ein schwerfälliger Apparat.

P.C.: Sehr schwerfällig. Für einen einzelnen Grafiker ist das ein Gebirge.

Hast du einen bevorzugten Arbeitsmodus?

P.C.: Ich arbeite mit zwei Assistentinnen. Selten mit mehr. Weil ich keine Lust habe, eine Agentur zu werden. Und ich glaube, dass dieses Verhältnis der Nähe bedeutend ist.

Wer ist das im Moment?

Also, da ist Marie, die du ja kennst, und die seit zwei Jahren mit mir arbeitet. Außerdem gibt es Studenten. Ich organisiere gerne Teams, die in Bezug auf die zu erarbeitenden Aufträge genügend flexibel sind. Wenn man z.B. für eine Kampagne arbeitet, die eine Buchveröffentlichung, eine Zeitung erfordert, dann versuche ich junge Studenten zu finden, die daran mehr interessiert sind. Ich bilde also eine kleine flexible Gruppe, die effektiver antworten kann.

ICH ATME MIT EUCH

Pascal Colrat

Du glaubst also mit solchen Teams effizienter zu sein, als mit einer festen Gruppe?

P.C.: Ich glaube, es bedarf da der Aufrichtigkeit. Du kannst nicht alles kennen. Ich mache viel Theater- und Tanzplakate. Den zeitgenössischen Tanz kenne ich sehr gut. Da habe ich keine Bedenken. Aber die Rap-, Rock- und Technoszene benutzt eine ganz besondere Ikonografie. Die Kultur, die ich diesbezüglich habe, beschränkt sich darauf, Fleyer und Magazine gesehen zu haben. In diesem Universum habe ich keine tiefergehende Kultur. Und es ist sehr gefährlich, dafür künstlich und von außen Bilder produzieren zu wollen. So ziehe ich es also vor, mit jungen Grafikern zu arbeiten, die selbst Musiker sind, die mir Dinge zeigen, Typografien z.B., die ich nicht verstehe. Da gibt es einen sehr interessanten Austausch. Deshalb glaube ich, dass der Kontakt mit jungen Grafikern unentbehrlich ist. Das bedeutet für mich Atelier: ein Ort des Austausches.

Mir fiel die Tendenz bei dir auf, die Ideen frei leben zu lassen, die sich aus den von dir gestellten Fragen entwickeln können. Macht dir das keine Sorgen?

P.C.: Nein, Ich versuche zwischen Bild und Text eine freie Zone zu schaffen, die der Betrachter sich völlig aneignen kann, die er verändern und in eine Richtung treiben kann, die ich mir nicht unbedingt vorstellte. Es interessiert mich sehr, in diesem alltäglichen Bilderbombardement, Bilder zu machen, die nicht fassbar, nicht zu verdauen sind, die Probleme und manchmal Absurditäten darstellen, Bilder zu schaffen, die scheinbar Offensichtliches annulieren. So habe ich ein Bild von einem Mann gemacht, der dich mit einem Jagdgewehr anvisiert. Darauf steht: »Angst vor wem?« Jedesmal, wenn ich dieses Bild zeige, sagen mir die Leute, dass es von der Front National handelt. Jeder sieht darin die Angst des anderen, aber auch die tiefe Angst von(vor?) sich selbst. Um dieses Bild setzen sich viele Interpretationen in Gang, die mich überraschen, weil ich es fast intuitiv gemacht habe.

Hast du darauf Antworten bekommen?

P.C.: Sicher, wenn du eine Ausstellung machst, hast du immer Rücklauf. In der Straße, wenn du ein Plakat machst, ist das schwierig. Aber wenn du in einer Galerie ausstellst, kommen die Leute, um dich zu sehen, sie rufen bei dir zu Hause an oder versuchen dich zu treffen. Und diese Reaktionen sind viel präziser. Außerdem, wenn du ein Plakat für die Straße machst, dann präsentierst du ein Bild, vervielfältigt zwar, aber es ist immer dasselbe. In der Galerie ist es umgekehrt. Du stellst Unikate aus, aber in Serie. So erzählst du also viel mehr, und hast auch viel mehr Reaktionen.

An wen richtest du dich mit der Ausstellung in Galerien?

P.C.: Es ist sicher, dass die Pariser Galerien sich nach einer kleinen Öffentlichkeit ausgerichtet haben. Dahingehend braucht man sich keine Illusionen zu machen. Es ist nicht die große Öffentlichkeit, die die Pariser Kunstgalerien frequentiert. Die Leute aus den Vorstädten gehen nicht in die Kunstgalerien.

Bist du einverstanden, mit dem, was Pierre Staudenmeyer sagt: »Man kann auf der Straße nichts mehr ausrichten. Aber man muss den Reichen helfen?«

P.C.: Er sagt es ja nicht so. Er sagt: »Die Armen brauchen keine Kunst. Nicht auf sie muss man zugehen. Diese Leute brauchen Waffen, um Revolution zu machen. Die, die Kunst und Kultur brauchen, das sind jene, die die Macht in den Händen halten. Diese Leute muss man berühren, verunsichern, sensibilisieren.« Und ich glaube, darin liegt etwas Wahres.
Jahrelang sagte man uns, die Künstler sollen mit dem Volk zusammenarbeiten. Und das haben wir gemacht, alle, wie hypnotisiert. Während langer Jahre haben wir uns alle daran gemacht, für Vereine in den Bezirken und Vorstädten Kunst zu machen. Aber nach all dem fragt man sich, »Ist das wirklich die richtige Richtung? Sollten wir uns nicht einfach mal umdrehen und sehen, dass es hinter uns Leute gibt, die die Marionetten halten, die entscheiden«.
Und ich glaube, Pierre will genau das sagen. Wenn er allerdings »helfen« sagt, meint er »verstehen helfen«. Damit hat er nicht völlig unrecht.

In der provokanten Ausschließlichkeit...

P.C.: Ja, ich würde es nicht so ausdrücken wie er. Man muss die Straße nicht zugunsten einer Elite vernachlässigen oder andersherum. Ich glaube, der Kampf muss in alle Richtungen geführt werden.

KAPITALISATION

Pascal Colrat

Was ich an deiner Arbeit erstaunlich finde, ist das Fragenstellen, ohne Antworten darauf zu haben. Viele andere Grafiker hingegen machen Plakate in Form einer Fragestellung, um eine bestimmte Antworte zu verpacken.

P.C.: Ich halte absolut nichts davon, eine Antwort zu verpacken.

Schockiert dich der Gedanke nicht, dass dein Bild für das Gegenteil deiner Position benutzt werden kann? Mir würde das Angst machen.

P.C.: Nein, das stört mich nicht. Ich denke, die Dinge sind sehr komplex. Nehmen wir das Beispiel der Front National. Aus der Vorstadt kommend, habe ich sehr viele Bilder gegen die Front National gemacht, indem ich sagte: »Die Front National ist widerlich«, »Nein zur Front National«, »Stop FN!« Und eines Tages wurde ich mir bewusst, dass das Problem viel komplexer ist. Damit etwas verschwindet, reicht es nicht aus, nein zu sagen. Man muss eine komplexe Reaktion hervorrufen. Und in diesem Fall machst du Bilder, die auch viel komplexer sind. Eine Frage zu stellen, ohne eine Antwort zu geben, den anderen in Gefahr zu belassen, ihm die Möglichkeit zu geben, sich zu verlieren, sich in bezug auf das Bild zu irren, scheint mir sehr interessant zu sein. Und selbstverständlich kann man meine Bilder auf eine Art interpretieren, die meiner Ursprungsidee gegenüber sehr verschieden ist.

Aber das Leben besteht auch aus einer solchen Komplexität. Das nicht sehen zu wollen, ist Propaganda. Zu sagen, »Ich habe um jeden Preis recht. Ich bin mir in dem, was ich sage, sicher. Ich will unbedingt, dass ihr versteht, was ich sage...« Ich glau͟͟ da. In der Kunst gibt es dies͟͟ Leben. Du kannst an ͟͟ nicht verstehen ͟͟ ist im Sch͟͟ beh͟͟ tion͟͟

**Bei e͟͟
erst d͟͟
man zu͟͟
Weiß m͟͟
Ist deine͟͟**

P.C.: Ja, e͟͟
meine Bilde͟͟
nichts zu ver͟͟

poetischere Dimension gibt. Und diese suchen dann darin ein bisschen, was sie wollen und sie konstruieren selbst etwas mit den gegebenen Elementen. Diese Leute sind sehr zufrieden. Das sind Leute, die akzeptieren können, etwas zu sehen, was sie nicht unbedingt verstehen. Und dann gibt es jene, die unbedingt einen klaren und verständlichen Sinn sehen wollen. Diese sind selbstverständlich etwas aufgebracht und denken, das sei überhaupt nicht mehr Grafik, das ist etwas anderes, das ist elitär. Ja ok., aber das stört mich nicht sonderlich. Ich habe wirklich Lust diese Erfahrung zu wagen, das weiter zu verfolgen.

Mich interessiert an meiner Arbeit, von Dingen zu sprechen, die alle betreffen und tue dies mit einem sehr persönlichen Vokabular. Wenn du also von der Front National redest, ein Problem, das alle angeht, und das mit deinem eigenen Vokabular tust, mit deinen eigenen Ängsten, dann wirst du vielleicht auf eine intensivere Art darüber reden. Auf tausend Personen berührst du vielleicht zehn wirklich. Aber diese zehn Leute sind viel stärker berührt als von den Kampagnen anderer politischer Parteien.

Interview: Holger Bedurke, Paris, 10.10.1998

Ankündigungsplakat der Ausstellung »et toi, ça va?« (und du, alles klar?)

Nous Travaillons Ensemble

Nous Travaillons Ensemble (Wir arbeiten zusammen) ist 1989 im Montreuiller Atelier Grapus von Alex Jordan und Ronit Meirovitz mit der Absicht gegründet worden, auch nach dem Ende von Grapus über das für eine sinnvolle soziale, kulturelle, politische Arbeit nötige menschliche und technische Potential zu verfügen. Nous Travaillons Ensemble hat seitdem zahlreiche Informationskampagnen für Städte, Aktionen für humanitäre Organisationen, Szenografien für thematische Ausstellungen französischer Museen u.s.w. konzipiert und gestaltet. Die Gruppe besteht heute aus Valérie Debure, Isabelle Jégo, Alex Jordan und Ronit Meirovitz und zeitweise aus freien Mitarbeitern. Nous Travaillons Ensemble ist mit der Fotografengruppe le bar Floréal verschwistert und arbeitet oft im Verbund mit anderen gegen den politischen Mainstream schwimmenden politischen Initiativen wie Faut Voir und la Forge...

Ihre Philosophie:

1 Visuelle Kommunikation ist nur eine mögliche Kommunikationsform von vielen.
  Hunde wedeln z.B. mit dem Schwanz.
2 Wir reden ungern über Grafikdesign,
  wir benutzen es.
3 Unser Stil ist, problemgerechte Antworten auf soziale, kulturelle, allgemein politisch relevante Fragestellungen zu suchen.
4 Wir halten uns an Konventionen,
  wenn sie uns vernünftig erscheinen.
5 Wir arbeiten mit unseren Auftraggebern.
  Wir leisten keinen Dienst,
  sondern versuchen nützlich zu sein.
  Wir sind keine nützlichen Idioten.
6 Wir arbeiten nicht für die Gegenöffentlichkeit,
  sondern an der Gesellschaft.
7 Die Kunst ist nicht unser Problem;
  Spaß ist menschlich.
8 Politik ist (über)lebenswichtig.

Interview mit Alex Jordan

Was ist ein/e GrafikerIn oder ein/e DesignerIn?

A.J.: Früher waren wir Grafiker, danach Grafikdesigner, heute Kommunikationsdesigner oder einfach Designer. Ich glaube aber nicht, dass es danach wieder zum Grafiker zurück geht. Ein Designer ist jemand, der die Aufgabe hat, für andere etwas zu vermitteln oder mit anderen zusammen etwas auszuarbeiten, was zur Vermittlung von Inhalten führt.
Wenn ich mir so meine Kollegen angucke, würde ich sagen, es gibt drei Spielarten: die Kollegen, die sich auf die gute Umsetzung, die gute formale Umsetzung von Messages, Produkten und so weiter beschränken, andere, die über den Inhalt der Messages und der Produkte nachdenken, aber deren Formgestaltung nicht in den Griff bekommen, und es gibt diejenigen, die beides erfolgreich miteinander verbinden können.

Was kannst du zu den Unterschieden zwischen Frankreich und Deutschland sagen?

Ausstellungsplakat »Plakatierte Frauen«, Chaumont 1998

A.J.: In Deutschland redet man z.B. nicht von Autorengrafik. Da ist man Freier Grafiker, und wenn man Freier Grafiker ist, dann macht man Lithographien und Kupferstiche und ich weiß nicht was, Siebdrucke und meinetwegen auch Computergrafik, freie, nicht an Auftrag gebundene und so weiter. In Frankreich ist man auteur, Autor.
Was ein interessanter Unterschied sein könnte: es gibt in Frankreich eine ganz, ganz kleine verschwindende Minderheit von Grafikern, die aus der ideologischen Ecke kommen, das heißt aus der sozial und politisch implizierten Ecke. Die Gruppen, die in diesem Buchprojekt vorkommen, die gehören eben dieser kleinen verschwindenden Minderheit an.
Man muss das aber in ein Verhältnis bringen. Grafiker gibt es wie Sand am Meer, in Frankreich wie in Deutschland. Gute Werbegrafiker gibt es sehr wenige. Sie prägen natürlich das Bild der Werbung. Denn eines kann man nicht behaupten: dass in der Werbung nur schlechte Grafik gemacht wird. In der Werbung wird hervorragende Grafik gemacht, in

Barbarei oder Algerien?, Graffiti auf Staatsflagge, Eigenproduktion 1997

Ausstellungsplakat »51 Jahre Arbeitnehmervertretung« (Comitiés d'entreprise)

der Kinowerbung genauso wie im Fernsehen, genauso wie auf dem 3 x 4-Meter-Plakat. Da gibt's hervorragendes Design, hervorragende Formgestaltung. Die Werbeagenturen arbeiten – genauso wie die Designfabriken – mit den besten Leuten aus dem Bereich der Fotografie, der Schriftgestaltung, des Films und so weiter und so fort, und zwar nicht nur wegen der Namen, sondern, weil es ja um Geld, um Millionenbeträge geht. Um Absatz oder Pleite. Entsprechend sind Werbung und Design eine enorme Industrie. Einerseits. Andererseits werden Tag für Tag von Millionen Grafikern kleine Brötchen gebacken. Zum Beispiel hier auf der Tüte auf dem Tisch: »Gutes vom Backbär«. Man kann natürlich hinterher die Grafik, die grafische Leistung bewerten. Lassen wir's mal sein, lassen wir den Backbär also Backbär sein. Auch die Backbärtüte ist ein Designprodukt.

Was hier auf einer ganz kleinen, geringen Ebene passiert, passiert auch bei Mercedes, passiert auch bei der BVG. Und so weiter und so fort. Da komme ich wieder auf den Anfang zurück: Das, was die nicht machen, das ist, über den Auftrag hinaus zu gehen und Aufträge zum Beispiel in einen gesellschaftkritischen Kontext zu stellen. Metadesign stellt nicht das »System« BVG in Frage, Metadesign versucht, ein für die Benutzer der öffentlichen Verkehrsmittel gut benutzbares Kommunikationssystem im Auftrag der BVG zu entwickeln.

Das Berlin-Zeichen, das neue Berlin-Signet ist ebenfalls von Metadesign entworfen worden. Und da gab es ja vorher einen Wettbewerb, den hatte das Pariser Studio Visuel Design Jean Widmer mit der logotypischen Darstellung eines Lindenblatts gewonnen. Ich bin der Meinung, dass weder Meta noch Visuel den richtigen Vorschlag gemacht haben. Sie hätten den Berliner Bär, der ja auch das Stadtwappen ist und der in der Bevölkerung nach wie vor immer noch genauso populär ist wie vor hundert Jahren, einbauen können.

Aber das Logo von Berlin ist doch auch eine politische, eine ideologische Frage. Das Brandenburger Tor ist ein nationales Denkmal, ob man das nimmt und...

A.J.: Darauf wollte ich doch hinaus! Dem Berliner Senat war das Lindenblatt – ich sage immer das Feigenblatt – von Visuel zu harmlos. Die wollten ein knallhartes, aus der Kalte-Kriegszeit stammendes Symbol benutzen, ein Symbol des Kampfes gegen den Kommunismus, das Tor der westlichen Freiheit sozusagen, das Brandenburger Tor. Das ist eine ganz, ganz knallhart ideologische Geschichte gewesen. Metadesign hat sich darauf eingelassen. Punkt.

Was denkst du dazu, dass die Entwicklung der Werbung in den letzten zehn Jahren von der ausschließlichen Produktwerbung weggeht hin zu Werbung, die eher Identifikation auf einer kulturellen allgemeinen und gesellschaftlichen Ebene ansiedelt...?

A.J.: Stimmt. Man hat schon kapiert, dass man ein Produkt durchaus verkaufen kann, wenn man zum Beispiel über das Wetter spricht oder über die Farbe, über den Wind, der über die Berge und Täler und die Gletscher und so weiter weht... Die Werbung ist da sehr weit nach vorne geprescht. Nur es geht immer nur und ausschließlich um das Verkaufen. Werbung und Verkaufen kann man nicht auseinanderdividieren. Es geht darum, dass Umsatz gemacht wird, es geht darum, dass konsumiert wird. Werber sind nicht dumm, ausserdem sind sie ebenfalls Konsumenten. Aber es gibt mittlerweile den Trend in den großen Agenturen, sehr genau zu gucken, für was und für wen sie bereit sind, Werbung zu machen und für was und wen sie nicht mehr bereit sind, Werbung zu machen.

Dazu gehören Agenturen, die keine Werbung für Zigaretten machen, oder für Joghurts, die nur auf chemischer Basis bestehen, mehr oder weniger. Es geht auch hier immer wieder nur um das Verkaufen. Es gibt jedoch einen Bereich, in dem nichts verkauft werden kann, in dem nur menschliche Beziehungen, zum Beispiel, verbessert werden können, in dem Gesundheit verbessert werden kann, in dem Verständnis für den Gegenüber und die Umwelt ganz allgemein verbessert werden kann. Und auf diesem Bereich arbeiten viel zu wenige Leute.

Das hängt natürlich damit zusammen, dass da kein Profit zu holen ist und dass man da mit zwangsläufig bescheidenen Mitteln arbeiten muss. Und man kann in diesem Bereich nicht arbeiten, wenn man sich nicht ganz konkret der Gesellschaft mit allen ihren Widersprüchlichkeiten stellt.

Wie spiegelt sich denn so ein Ansatz im Verhältnis zum Kunden wieder. Wie sieht das bei euch aus, oder wie war das bei Grapus?

A.J.: Als irgendwann mal, 1976 glaub ich, irgendwer von Grapus in einer öffentlichen Versammlung gesagt hat: »Bei uns wollen die Kunden ein Unterhemd und die gehen bei uns mit einer Unterhose wieder raus« – oder so ähnlich, das heißt, wir schaffen es, die Wünsche der Kunden radikal zu verändern. Da war das ein Bild, eine Übertreibung war das. Tatsache ist, dass oft Kunden, wenn sie zum Grafiker kommen, selbst nicht genau wissen, was sie wollen, dass sie relativ diffuse Vorstellungen haben von dem, was vielleicht nötig wäre.

Wir gehen davon aus, dass, wenn die Leute kommen, wir erst mal versuchen, dass alles auf den Tisch gelegt wird, inklusive unserer eigenen Unklarheit und inklusive der Unklarheit der Kunden. Der zweite Schritt ist der, dass man erst, wenn alles auf dem Tisch liegt, anfangen kann, zu überlegen. Diese Überlegungen müssen mit dem Kunden stattfinden und nicht gegen den Kunden, aber kompromisslos. Da wird herauskommen, ob man überhaupt zusammenarbeiten kann oder nicht. Und es ist uns schon passiert, dass dann klar war, wir konnten nicht zusammenarbeiten. Damit war die Sache erledigt. Dann ist es so, dass man selber arbeiten muss. Und im Gegensatz zu anderen bin ich immer noch der Meinung, dass, wenn man einen Vorschlag ausgearbeitet hat, es ab einem bestimmten Punkt doch darum geht, seinen Standpunkt möglichst klar rüberzubringen.

Und dann darf es keinen Katalog von: Ja, wir können das und das und vielleicht auch das und das, geben. Am Ende muss man selbst schon eine bestimmte Radikalität an den Tag legen, sonst ist man jemand, der im Grunde genommen was diktiert bekommt: »Also da liegen drei Apfelsinenschalen auf dem Tisch in der Mitte. Die finden Sie zwar gut, aber ich finde doch das Rosa in der Apfelsinenschale von rechts viel schöner. Also ich würde jetzt das hier nehmen, also die Apfelsinenschale rechts.« Dann geht der Grafiker nach Hause, weint bitterlich und verbessert die vom Kunden ausgewählte Apfelsinenschale.

»Todesstrafe Abschaffen«, Mumia Abu-Jamal, Maske für Solidaritätsaktionen

Was dann aber doch oft kommt, ist die Sache mit dem Geschmack, dass dem Kunden das Bild nicht gefällt... oder dass er lieber was nettes buntes abstraktes will...

A.J.: Es gibt auch gute Gründe dafür, dass Kunden von bestimmten visuellen Ideen nichts wissen wollen. Entweder sie haben die ganze Bilderflut satt, oder sie haben eben Angst vor Bildern. Bilder machen in gewisser Weise, was sie wollen. Sie fordern heraus, lösen nicht vorhersehbare Reaktionen aus. Sie können Ärger bereiten...

Du hast mal gesagt: »Wir gehen eher eine Komplizenschaft mit den Kunden, den Auftraggebern ein – das ist unser Anliegen.« In Werbeagenturen, Designagenturen, wo es um Produktwerbung geht, da wird aber doch auch so etwas versucht, wird in Teams gearbeitet, wird auch sehr projekthaft mittlerweile gearbeitet. Wo ist der Unterschied?

A.J.: Na, was die Werbung betrifft, habe ich schon gesagt: »Die Werbung hat eine ganz konkrete, knallhart definierte Aufgabe, das ist das Verkaufen. Bei Design-Büros ist das wieder eine andere Sache: das Büro von Otl Aicher/Rolf Mueller hat vor Jahren das Erscheinungsbild der Stadt Leverkusen entworfen... Die Arbeit ist angegangen worden, da waren von Seiten der Stadt Leverkusen ein paar Leute, die haben sich darauf eingelassen, mit dem Büro von Otl Aicher an der konkreten Umsetzung des Erscheinungsbildes wirklich zusammenzuarbeiten. Das hat auch am Anfang sehr gut geklappt. Ab dem Moment, wo diese paar Leute, out off Entscheidung waren, fiel das ganze mehr oder weniger in sich zusammen. Das Ganze wurde abgelöst durch Werbekampagnen in purem Stil des Verkaufens.

Eine Stadt kann man zum Beispiel verkaufen, kann man vermarkten, indem man sagt, wir sind in der Nähe von einem Eisenbahnschnittpunkt, wir haben drei Flughäfen und eine Großwasserstraße, insofern sind wir gut geeignet, um sagen wir mal, Toyota, Mercedes, Chrysler und ich weiß nicht was noch alles auf einen Fleck zu bringen. Es geht einfach darum, dass Großindustrie, Mittelbetriebe und so weiter sich niederlassen. Damit wird natürlich dazu beigetragen, die Arbeitslosigkeit zu verringern, heute immer weniger, aber immerhin. Insofern ist das eine Sache, die im Prinzip auch Hand und Fuß hat, nicht? Aber damit allein kann man keine Stadt am Leben erhalten.

Wo zieht man denn da die Grenze?

A.J.: Wenn man Werbung für sogenannte »gute« Produkte machen will, muss man sich zwangsläufig »gesellschaftlich« positionieren. Man macht dann keine Werbung für benzinfressende Autos mehr. Damit sind natürlich ziemlich viele Budgets, sprich Profitmöglichkeiten, weg.

Konkreter: Die BVG ist ja ein gutes Produkt?

A.J.: Ich würde niemandem einen Vorwurf daraus machen, für die BVG zu werben... Man muss nur prüfen, ob marktschreierisch, lügnerisch aus der BVG ein Familienauto gemacht oder die Staatskarosse sozusagen, oder, ob benutzerfreundliche Kommunikation betrieben wird.
Ganz schlimm wird es, wenn die Idee aufkommt, in den S-Bahn-Waggons TV-Monitore zu plazieren. Dann gucken die Leute in der Straßenbahn nicht mal mehr aus der Straßenbahn raus oder aus der S-Bahn, und starren nur noch auf die Glotze! Es ist schon eine Zumutung, dass der BVG-Strassenbahn-Benutzer die Außenwelt nur noch durch den schleierigen Raster der auf die Fenster aufgeklebten Reklamen betrachten darf.

Aber das, was Du eben gesagt hast, ist doch im Prinzip ein Plädoyer dafür, dass politisch oder sozial bewusste oder engagierte Grafik auch in der Werbung plötzlich Platz hat. Weil die Frage unter anderem bei uns ist: Gibt es überhaupt politische, sozial engagierte Grafik, und wenn ja, was ist das, was könnte das sein? Die französische Standardantwort aus dem, was man so sieht, an den hier vorgestellten Grafikgruppen ist eigentlich, jenseits der Produktwerbung für kulturelle, soziale Sachen zu kämpfen. Ist das denn nach dem, was Du jetzt gesagt hast, genausogut auch möglich, so wie es die Deutschen wahrscheinlich eher auffassen, auch für Produktwerbung im Designbereich bewusste Grafikarbeiten mit unterzubringen?

A.J.: Man muss einem Werber zugestehen, dass er sich Gedanken zur Gesellschaft macht wie du und ich. Ich sag' es nochmal: Es gibt Werber, die durchaus versuchen, sich gesellschaftlich zu positionieren. Das kann in der Werbung, weil es nunmal um das Verkaufen von Produkten geht, nur darin bestehen, dass man Werbung für das menschenfreundliche Messer und die menschenfreundliche Gabel macht und für das tierfreundliche Futter, für die Herstellung des die menschliche Gesundheit

Kongressplakat für den Secours Popoulair Français 1997

nicht gefährdenden Ochsenfleisches. Das gleiche trifft auch für Corporatedesign zu. Ein Grafiker, der sein Handwerk beherrscht, kann durchaus mit gutem Gewissen das Hakenkreuz des dritten Jahrtausends entwerfen, wenn er seine Arbeit als... eben als Handwerk und nicht als politischen Akt betrachtet. Er kann es auch als Überzeugungstäter tun. Oder sich verweigern, selbst, wenn ihm fette Bezahlung versprochen wird...

Nochmal zurück zu Messer und Gabel: Diesen Entscheidungsspielraum hast Du, aber Du bist trotzdem knallhart in diesem Kontext drin. Du hattest ja mal erzählt, dass ihr überlegt hattet, was für Nike zu machen und es dann aber abgelehnt habt, weil sie euch eigendlich nur zum »Anstreichen« haben wollten und nicht, weil ihr prinzipiell ein Problem mit Nilke habt. Wie Du weißt, lässt Nike in Südkorea produzieren unter menschenunwürdigsten Bedingungen... und ihr hattet da überlegt ob es nicht okay sein könnte, für die was zu machen, wenn »der neue Schuh« super ist... Da pickt Ihr euch doch wirklich einen sehr kleinen Bereich raus und geht den Weg von Kompromissen. Da seid ihr eigentlich sehr reduziert, reformistisch... oder?

Abb. links oben: »Fick deine Mutter« (auch Worte können töten) links unten: »sexuelle Belästigung« (das Gesetz des Schweigens) – zwei Motive einer Plakatserie zur Problematik der Gewalt gegen Frauen

A.J.: Naja gut, das sind alles große Worte. Aber das ist natürlich sehr komplex. Wie das auch in Marokko ja auch passiert ist. Die sind ja faktisch verhaftet und gefoltert worden in Marokko für das, das ist im Grunde Kapitalismus, wenn das so wäre, dann dürfte die Ausstellung, die hier stattfindet, nicht stattfinden. Dann müsste man auch ablehnen, gefördert werden, dann muss man im Grunde genommen Banken überfallen und sich das Geld nehmen und das Geld verteilen. So lange, bis es alle ist. Man kann auch aufs Land ziehen und Schafe züchten und sie nicht auf den Viehmarkt bringen...

Nee, das ist eine sehr grundsätzliche ideologische antikapitalistische Fragestellung und sehr moralisch, die ich nicht stellte. Na ja, aber schon die Frage nach Wertigkeiten und wo man sich mit seiner Profession einbringen will bzw. die Frage ist, wie und wo man diesen Diskurs um Verantwortung ansetzt. Wir reden ja über Verantwortung und Moral und Gesellschaft. Jetzt mal strategisch gedacht. Zugespitzt: Es geht darum, zwischen sozialen Gruppierungen, progressiven Gruppierungen und Design-Profis, Grafikdesignprofis die Lücke zu schließen, die Leute aufzufordern sich explizit mit Linken Gruppierungen in Verbindung zu setzen und nicht schwammig zu sagen: Verantwortung ist relativ...

A.J.: Diese Lücke ist das riesige Loch der gesellschaftlichen Ungereimtheiten. Die Schwierigkeit, die ich immer sehe, ist, dass man sofort sehr genau werden muss und vom Hundertstel zum Tausendstel gehen muss. Man kann von der Lücke, die geschlossen werden sollte, von dem riesigen Loch gar nicht reden, wenn man nicht auch zur Sprache bringt, dass sich der Staat, die öffentliche Hand entgegen ihrem Auftrag immer mehr aus der gesellschaftlichen Verantwortung zurückziehen. Ein eindrucksvolles Beispiel liefern die Hochschulen, über die ich kaum noch anders reden kann, als in folgender Form: Wenn die Hochschulen sich selber tragen sollen, wenn sie untereinander in einen Wettbewerb treten sollen, wenn sie wie Unternehmen geführt und von Unternehmen kofinanziert werden sollen, wenn sie danach gemessen werden, was sie an direkt Verwertbarem produzieren, dann ist für alles kein Platz mehr, was nicht profitabel im marktwirtschaftlichen Sinn ist. Dann werden sie zu schnellen Brütern für die Weltwirtschaft. Und dann würde ich sagen, bin ich auch fehl am Platz, denn ich produziere keine profitablen Sachen. Arbeit an der und für die Gesellschaft ist im kapitalistischen Sinn nur rentabel, wenn sie den Betriebsfrieden sichert.

Gibt es einen Unterschied im Verhalten der Deutschen und der Franzosen in Bezug auf das politische Umfeld, wie sozial engagierte Werbung oder Grafik akzeptiert, gefördert oder auch benutzt wird, was Sponsorengelder betrifft?

A.J.: Der Riesenunterschied besteht darin, dass in Frankreich mehr oder weniger alle Politik machen. Wenn die gewählten Politiker sich hier nicht um Stadtviertel und so weiter kümmern, wenn die Parteien keine Basisarbeit mehr machen (wie früher die kommunistischen Stadtteilgruppen), dann kümmern sich die Einwohner selber darum. Das läuft auch manchmal so, dass zum Beispiel islamische Integristen in einer Wohnsiedlung die Rolle der Polizei übernehmen und dafür sorgen, dass die Dealer das Feld räumen.

So, wie sich hier beispielsweise die Neonazis um Kultur und Politik kümmern.

A.J.: Zum Beispiel! Das ist natürlich kein Ruhmesblatt für die offizielle Politik. Daran wird sich aber in den nächsten Jahren viel entscheiden. Aber wie gesagt: Die Franzosen sind kulturgeschichtlich bedingt politischer. Politisch argumentieren gehört in Frankreich zur Alltagskultur. In Deutschland ist es sehr schwer, über den Biertisch hinaus ausserparlamentarische Politik zu betreiben und dabei von der Bevölkerung ernst genommen zu werden. Und wenn eine Gruppierung den Sprung in die Parlamentssessel schafft, versinkt sie drin. Die Geschichte der Grünen ist ein gutes Beispiel.

Um auf einen anderen Fragenkomplex zu kommen, nämlich in Bezug auf die Arbeitsweise und das Arbeiten in der Gruppe, im Kollektiv, Vorteile, Nachteile, Hierarchien, Autoritäten, Organisation, solche Fragen: Wir haben dich in dem NGBK Projektantrag als »Kopf von NTE« in Anführungsstrichen beschrieben

A.J.: Das kannst Du doch drin lassen. Ich rede jetzt aber nur von der Gegenwart und nicht von der Vergangenheit. Die Gruppe besteht heute aus vier Leuten, aus einem zweiundfünfzigjährigen Mann und drei Frauen. Die eine ist fünfundvierzig, die andere fünfunddreißig und die letzte ist siebenundzwanzig. Wir haben heute eine relativ gute Geschlossenheit und auch eine gewisse Spezialisierung. Die kommt einfach daher, dass es Leute gibt, die gut zeichnen können, und andere, die etwas weniger gut zeichnen können, dass es Leute gibt, die sehr gut mit Computern umgehen können und andere, die es weniger können, Leute, die sehr gut texten können und andere, die es weniger gut können und so weiter und so fort, und Leute, die kommerziell wirklich relativ top sind und andere, die es nicht sind oder die noch dabei sind zu lernen und welche, die Politik mehr interressiert als die Kollegen. Valerie und ich können gut zeichnen. Wenn es um Plakate geht, sind wir häufiger dran als die beiden anderen. Isabelle kann sehr gut mit dem Computer umgehen, ist ein Typofreak und kann auch, genau wie Ronit, sehr gut organisieren: Bücher, Ausstellungen, Szenografien und so weiter und so fort. Isabelle und ich texten viel, wir praktizieren auch eine Art von kollektiver Schreibweise, das heißt die Autorenschaft von vielen Sachen müsste eigentlich doppelt unterschrieben werden. Das fängt mit der Begründung eines Antrags auf Unterstützung an. Wenn es um die »Geschäftsbeziehungen« geht, würde ich sagen, dass Ronit und ich das am besten können – so ungefähr sieht's aus. Man sieht daran, dass die Gruppenarbeit davon geprägt ist, dass damit erstmal eine bestimmte Strukturierung da ist, dass verschiedene Leute Verschiedenes können. Das muss eben zusammenspielen. Bei Plakaten ist es meistens so, dass einer eine Idee hat beim Straßenbahnfahren oder im Flugzeug oder in der U-Bahn oder ich weiß nicht wo, und die kommt dann auf den Tisch. Daraufhin gibt es entweder sofort Reaktionen, die nicht nur auf eine Verbesserung des Plakatvorschlags hinauslaufen, sondern vielleicht kommen ganz andere Ideen. In dem Moment, wo eine Sache auf dem Tisch liegt, fallen einem auch andere Ideen ein. Es kann durchaus vorkommen, dass ein Plakat von einem Tisch auf den anderen gerät, das heißt, der Urheber der Idee ist vielleicht nicht der, der sie auf den Punkt bringt. Wer die erste Idee hat, ist vielleicht nicht der, der das Plakat schließlich macht. Wir akzeptieren natürlich manchmal gute Ideen ohne lange Diskussionen. Es gibt ja so ganz lapidare und schlüssige Sachen, wie zum Bei-

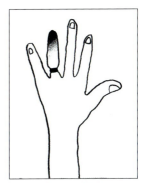

»50. Jahrestag des missglückten Invasionsversuches der Alliierten in Dieppe, Normandie«, 1993

*1

spiel diese von Isabelle gezeichnete Hand[*1] mit dem blutabschnürenden Ehering. Anlass war die Aufforderung an uns, für ein öffentliches, von allen linken und antifaschistischen politischen Gruppierungen getragenes öffentliches Meeting. ein als Plakat, Aufkleber usw. benutzbares Zeichen zu schaffen. Das Meeting richtete sich gegen Kollaboration von Rechten mit extrem Rechten nach den französischen Landtagswahlen.
Zur Zeichnung rechts: da hab' ich mich mal so über das manierierte, Mainstream-Logo von Ruedi Baur

»die lange Nacht«, Plakat für eine Fotoausstellung zum Thema Nachtarbeit 1993

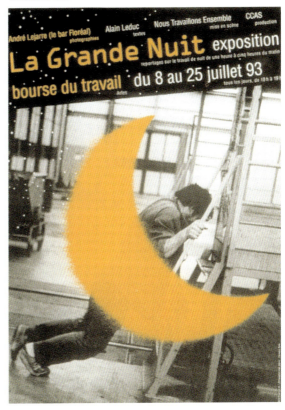

für die Mission 2000 geärgert, so eine Art Spirale mit der alle offiziellen Veranstaltungen des Jahres 2000 belabbelt werden. Ich hab da ein bisschen herumgefrozzelt und dabei kam diese Zeichnung raus*2, also 2000 und ein Fragezeichen. Wir haben es bei der heute auch als Buch vorliegenden Umfrageaktion »le dire pour agir« (Es sagen, um zu handeln) des Secours populaire français eingesetzt.

Gibt es eine letztendliche Entscheidungskompetenz, wenn etwas unklar ist, es mehrere Ideen gibt oder sich eien Idee nicht sofort herauskristallisiert? Übernimmst du dann die Führung?

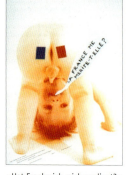

*2

»Hat Frankreich mich verdient?«, Plakat gegen Ausländergesetze, 1993

A.J.: Ich muss ganz ehrlich sagen, es gibt nur einen Leader, wenn es um Erfahrungswerte geht. Manchmal gibt es schon heftige Auseinandersetzungen. Das geht bis zum Türenzuschlagen. Eine ist schon kaputtgegangen. Vor allem bei Plakaten und logotypischen Zeichen. Plakate, genau wie die Logos, müssen auf den Punkt gebracht werden, sind immer Zuspitzungen... oder schlecht.
Wir sind natürlich ständig gefärdet. Das Gleichgewicht in einer kleinen Gruppe ist immer labil. Das kann nur funktionieren, wenn Gruppenmitglieder selbständig und eigenverantwortlich handeln und sich gleichzeitig der Gruppe gegenüber verantwortlich fühlen. Liebe muss auch im Spiel sein. Wenn es darüber hinaus zu Liebesdramen kommt, steht die Gruppe schnell vor dem Aus. Schneller als Vereine und Betriebe, in denen eine klare Hierarchie besteht...

Interview: Sandy K., Berlin 1999

Über das Projekt »et toi ça va?« von Nous Travaillons Ensemble

Bobeker ist dreißig Jahre alt. Sein Vater, Kabyle aus Algerien, Facharbeiter bei den Renault-Fabriken von Billancourt, hat drei Jungen und drei Mädchen von der Frau bekommen, die er im Dorf geheiratet hat. Bobaker ist in Aubersvilliers geboren. Seit seiner frühesten Kindheit kehrt er regelmäßig in die »Heimat« zurück. Er studierte Chemie und Physik und arbeitete für die städtische Hausaufgabenhilfe, als Dr. Ginot, der Leiter des Gesundheitsamtes, ihn beauftragte, eine Ausstellung zu betreuen, die ganz einfach von der Liebe sprechen sollte. Die Ausstellung ist ein Instrument, das mit Nous Travaillons Ensemble zusammen entworfen und erneuert wurde. Seit zehn Jahren wird sie für Jugendliche und Kinder beider Geschlechter in allen Stadtvierteln gezeigt; inzwischen ist aus »Liebe, kenn' ich nicht, lass' uns darüber reden« »Und du, alles klar?« geworden, ergänzt durch einen Teil für die Kinder.
B.: Die erste Ausstellung entstand bereits in den 90er Jahren, zu Beginn der Aufklärungskampagnen. Ein guter Teil der Jugendlichen hatte keine Ahnung von Verhütung; junge Frauen waren schwanger, es gab immer mehr sexuell übertragbare Krankheiten und in bestimmten Stadtvierteln waren die Jugendlichen in dieser Hinsicht ziemlich heftig drauf. Von Dr. Ginot und einem anderen Beauftragten wurden in der ganzen Stadt Diskussionsrunden über Sexualität mit zahlreichen Jugendlichen und mit Betreuern organisiert. Sie wurden von der Presseabteilung der Stadt gefilmt, was den Ausschlag gab für eine Ausstellung mit Lerncharakter zum Thema. Im Grunde geht es dabei um Stadtviertel-Arbeit. Die Jungs führen ihr Gruppenleben, spielen sich untereinander auf und erzählen anschließend Legenden über die Mädchen. Für den Macho ist die Frau dem Mann unterworfen. Zu den sexuellen Angriffen kommen Vergewaltigungen; es gibt Jugendliche, die gehen zu den Prostituierten auf den Ausfallstraßen am Stadtrand, um sie zusammenzuschlagen und ihnen eine Lehre zu erteilen! Die Jugendlichen spazieren einerseits an der Seite von Transvestiten herum, wohl wissend, dass es sich dabei um als Frauen verkleidete Männer handelt, und bespucken und beschimpfen anderseits Schwule auf der Straße.
In den gefilmten Diskussionen war zu hören: »Schwuchteln muss man verbrennen!« Viele Jugendliche, die nicht mehr zur Schule gehen oder große Probleme haben, besetzen einen Ort und bleiben da. Die Jugendlichen sind aufgeschmissen in Bezug auf ihr Viertel, ihre Kultur, ihre Zukunft. Sie wissen nicht, nach welchem kulturellen Muster sie leben sollen, und vor allem machen sie sich unter-

Ankündigungsplakat von pädagogischen Aktionen für Kinder im Rahmen von »et toi, ça va«, 1998

einander systematisch fertig. Es gibt auch diese scheußlichen Geschichten, wo Erwachsene ins Viertel kamen und den Jugendlichen Geld für sexuelle Dienstleistungen anboten. Da es zu all dem nichts auf dem Markt gab, haben wir uns an Nous Travaillons Ensemble gewandt, damit sie in Bilder umsetzen, was an Themen überdeutlich präsent war, Drogensucht, Machos, leichte Mädchen, Homosexualität, all das war beim Gesundheitsamt noch nicht angekommen. Das Ergebnis ist: Wir haben nun ein Instrument, das dem angemessen ist, was die Jugendlichen beschäftigt. »Liebe, kenn' ich nicht«, hat es uns ermöglicht, in den Schulen die Schüler zu treffen und mit anderen Jugendlichen in den Stadtvierteln in Zusammenarbeit mit den Jugendhäusern Aufklärungsarbeit zu betreiben. Als wir begonnen haben, mit den Jugendlichen über Sexualität, AIDS und andere sexuell übertragbare Krankheiten zu reden, haben wir erfahren, dass sie ohne Präservative zu den Prostituierten gehen, weil »das passiert nur den Schwuchteln!«

Das heißt, die Ausstellung nach den Filmen hat noch weitere Erkenntnisse gebracht?

B.: Die Ausstellung, das sind schockierende Bilder, die zur Diskussion provozieren. Ich bin dazugestoßen, als »Liebe, lass' uns darüber reden« ein Jahr unterwegs war. Die Veranstaltungen dazu dauerten zwei Stunden. In der ersten Stunde geht es um die Ausstellung, in der zweiten Stunde um Gedanken und Ideen dazu. Ausgehend von Fragen über Sexualität, schneiden wir die Themen sexuell übertragbare Krankheiten, Verhütung und AIDS an, aber ein anderer Teil dreht sich um die damit verbundenen Vorstellungen. Es wertet einen Jungen auf, wenn er innerhalb eines Jahres mit drei Mädchen geht. Das Gegenteil davon ist die Hure, und das Schild mit dem »heißen Hasen« ermöglicht es, darüber zu sprechen. Wenn ich auf der Seite der Jungs »playboy« sage und hinzufüge, jetzt versuchen wir mal, uns ein Mädchen vorzustellen, selbst wenn man betont, dass das Mädchen nicht mit mehreren Jungs gleichzeitig geht, höre ich augenblicklich »Schlampe«. Ein Mädchen hat in der Küche zu bleiben, mit einem Jungen auszugehen und diesen auch zu heiraten. Ein anderes Bild, wenn sie ein schönes Mädchen sehen, sagen die Jungs, »die ist gut«. Wir haben dafür ein Bild von einem Stück Fleisch mit dem Kopf einer Frau und einem Preisschild, wie Metzgerware. Ich frage sie, ob »die ist gut«, ein Kompliment sein soll. Sie antworten ja. Wenn ich die gleiche Frage den Mädchen stelle, antworten sie, wir sind kein Stück Fleisch, wir sind menschliche Wesen. Also, kennt ihr Wörter um zu sagen, dass das Mädchen ziemlich schön ist? Die Mädchen antworten, sie ist nett, sie ist charmant, angenehm. Warum diese Bezeichnungen nicht anwenden? Ja, aber das sind doch die Weichlinge, die Schickimickis, die Papasöhnchen, die sowas sagen! Uns geht es um all diese Bilder, die die Mann-Frau-Beziehung verzerren, wir wollen eine gemeinsame Ebene finden. Im Grunde provoziert die Ausstellung die Diskussion zwischen Jungs und Mädchen. Eine Plane zeigt ein Mädchen, das sich wehrt, da sagen sie: »Aber Moment, wenn ein Mädchen uns geküsst hat, uns gestreichelt hat, kann sie nicht mehr dahinter zurück, es ist zu spät.« Wir sprechen dann über Vergewaltigung, über Einwilligung. Einwilligung ist etwas Wichtiges! Im Liebesleben darf ein Mädchen stop sagen; und selbst ein Junge hat das Recht zu sagen, nein, ich will nicht weiter gehen. Bei dieser Gelegenheit erinnern wir auch an das Gesetz, vor allem an den Berufsschulen, wo die Jungs viel älter sind und Schulprobleme haben. Wir sagen, dass Vergewaltigung ein Verbrechen ist, das mit Gefängnis bestraft wird. Wenn ich höre, ich kenne einen Typ, der wegen Vergewaltigungssachen im Gefängnis sitzt, aber das Mädchen hatte ihn gestreichelt, ist ja normal, dass er sich nicht mehr zurückhalten konnte, sage ich, nein, es ist nicht normal, dass er sie zwingt, es ist wichtig, aufhören zu können. Das Bild des leichten Mädchens verweist auf die Pornofilme. Ein schon älterer Junge hat mir gesagt, ich verstehe das nicht, wenn ich meine Freundin penetriere, tut es ihr immer weh, warum? – Hast du was dagegen, mir zu erzählen, wie du es tust?

– Ich ziehe sie aus, und auf geht's. In den Pornos ist es auch so.

– Wenn du dir einbildest, die Pornos seien Realität,

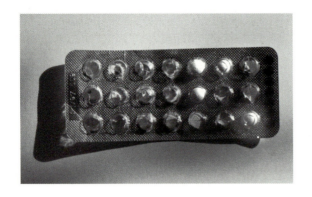

hast du dich geirrt. Da hängen Gefühle mit dran, Vorbedingungen.
– Aber ein Mädchen ist doch ein Loch!
Es gibt keine gemeinsame Lust, Hauptsache, es ist für einen selbst etwas dabei herausgesprungen. Zum »Fertig sein« gibt es ein Bild, das ist eine in tausend Stücke zerrissene Silhouette und danach ein Mädchen, das weint. Und wir reden von Gefühlen... Eine zerissene Person, eine Person, der es schlecht geht, ermöglicht es, Themen wie Familie, Freunde, Beziehungen anzusprechen: Wenn ich das sage, werde ich umgebracht. Wir reden darüber. Und wir wissen nur zu gut, dass wir sie in zwei Stunden nicht verändern werden, aber trotzdem, wir vermitteln eine Botschaft. Wir öffnen etwas. Vielleicht macht es klick. Angesichts all dieser Vorstellungen ist Liebe ein fast unmögliches Gefühl.

Es bedurfte einer zweiten Ausstellung. War das, weil es nicht weiterging?

B.: Nein, überhaupt nicht. Im Gegenteil, die erste Ausstellung hat uns große Dienste erwiesen. Die zweite Ausstellung kommt aus der Notwendigkeit heraus, sich weiter zu entwickeln. In der ersten Fassung besteht die Ausstellung aus acht Planen zu je fünf Metern. Wir benutzten nie alles auf einmal. Acht Planen, acht Themen, einige gingen unter, das war zu viel. Und zu den riesigen Planen gab es noch zwei große Statuen... Wir wollten keine Techniker benötigen müssen; alles sollte ebenso gut in ein Klassenzimmer passen wie auf die Straße. Nach sechs Jahren in den Schulen haben wir bestimmte Fragen nochmals überarbeitet und die Themen genauer eingekreist. Die Bilder zu den leichten Mädchen, zu Vergewaltigung, zur Einwilligung waren in der ersten Fassung viel schwächer. Et toi ça va sind aufgrund der Erfahrung überarbeitete Bilder. Ein Bild ist zum Platzen des Preservatifs dazugekommen; viele Jugendliche kamen mit dieser Frage zu uns. In der neuen Fassung haben wir 22 Bilder auf Vorder- und Rückseite von elf Tüchern auf Notenständern angebracht. Wir müssen dringend das Schweigen brechen. Diesen Sommer haben wir in den Stadvierteln draußen und auch drinnen mit Filmen wie wie La vie rêvée des anges oder Jeanne et le garcon formidable gearbeitet, da haben jede Woche das Stadtviertel gewechselt. Es waren allgemeine Begegnungen in einem Viertel und Freitag abends baute ich die Ausstellung im nächsten Viertel auf. Die Bewohner entdeckten sie nach und nach. Wir installierten sie auch in alkoholfreien Cafés und in den Jugendzentren. Innerhalb einer Woche lassen wir die Ausstellung zwei bis drei Tage aufgebaut, nicht mehr, und dann machen wir Veranstaltungen dazu. In den Schulen haben wir weniger Zeit. Von den zwei Stunden lasse ich die Schüler eine Viertel Stunde die Ausstellung anschauen. Danach kommen Fragen. Die Lehrer sind nicht dabei. Wir haben bemerkt, dass ihre Anwesenheit die Schüler stört. Wir arbeiten weder in Anwesenheit der Eltern noch der Lehrer; für so etwas gibt es Biologieunterricht, Sexualkunde. Man nimmt uns als Vertreter der Gesundheitsberufe wahr, die an das Berufsgeheimnis gebunden sind. Wenn sie uns Sachen sagen, werden sie uns nicht morgen wiedersehen, wir schreiben sie weder auf, noch beurteilen wir sie. Allerdings ist eine Krankenschwester dabei, wenn sie Zeit hat. Sie sind oft sehr beschäftigt, aber es ist eine gute Gelegenheit zu erwähnen, dass die Krankenstation nicht nur dafür da ist, ein Wehwehchen zu heilen. Wenn man Kummer hat, Probleme, dort kann man darüber reden. Wir stehen ständig in Verbindung. Wenn wir eine Veranstaltung machen, gibt es ein Danach, aber es ist kein Hinterherschnüffeln. In der Regel bleiben wir einen Monat in einer Schule. In drei bis vier

Wochen nehmen die Krankenschwestern an fünf oder sechs Sitzungen teil.

Wir beginnen mit der neunten Klasse, wenn sie dreizehn bis fünfzehn Jahre alt sind, und kommen in der zehnten wieder. Es dauert zwei Jahre, wenn wir einmal im Jahr Klasse für Klasse jede Schuleinrichtung besuchen. Wenn wir alle auf einmal hätten, wäre die Diskussion unmöglich und sinnlos. Das sind siebzehn Veranstaltungen pro Schuleinrichtung, wenn wir eine pro Tag machen.

Wenn Sie »wir« sagen, wer ist damit gemeint?

B.: Ich bin für die Begleitveranstaltungen verantwortlich, aber das Team für die Themen. Ich komme allein, bin aber Teil eines Teams, das aus einem Leiter besteht, der Arzt im Bereich des öffentlichen Gesundheitswesens, einer Koordinatorin für den Bereich »Jugend und Gesundheit«, einer Krankenschwester vom Gesundheitsamt, zwei Leuten, die speziell für dieses Projekt eingestellt wurden, zwei Erzieher im Bereich der Alkoholverhütung, zwei Erzieher, die auf Drogensucht spezialisiert sind, ein weiterer Arzt aus dem Bereich des öffentlichen Gesundheitswesen, der sich um Wiedereingliederung und um Interventionen im Suchtbereich kümmert und eine Sekretärin. Alle vierzehn Tage haben wir ein Teamtreffen und alle vierzehn Tage eine Supervisionssitzung, was eine Sitzung pro Woche macht, in der wir besprechen, was während der Veranstaltungen vorgefallen ist. Zu mir ist einmal ein Mädchen gekommen und hat mir gesagt, dass sie im sechsten Monat schwanger ist, sie hatte niemals einen Arzt gesehen. Sie hatte vorgehabt, im Treppenhaus zu entbinden und einen kleinen Keller als Schlafplatz zu finden. Sie sagte sich, dass sie sowieso abhauen würde, sobald ihre Tage wiederkämen. Sie hatte alles ihren Eltern verheimlicht, war mit weiten Klamotten weiterhin zur Sc_____ _____be dem Team von ihr erz_____ _____ die verantwortlichen Behörden ber_____richtigt und dafür gesorgt, dass sie untergebracht wurde. Meine Arbeit ist es, dieses Mädchen mit den Einrichtungen in Kontakt zu bringen, die ihr helfen werden, unter guten Bedingungen zu entbinden und aus einer für sie und das Kind gefährlichen Situation herauszukommen. Danach ist es Sache der Institutionen, die Eltern zu benachrichtigen. Wenn wir eingreifen, wird dies mit den Jugendlichen verhandelt, in meinem Fall zumindest erkläre ich es ihnen, wir handeln gemeinsam. Manchmal ist es ein harter Brocken Arbeit, bis einer einwilligt, aber bisher haben wir noch keinen getroffen, der gar nichts davon wissen wollte. Wir richten uns an die Jugendlichen zwischen dreizehn und zwanzig Jahren. Für Familien existieren Strukturen wie Sozialarbeiter oder Sozialhilfe. In Aubervilliers sind wir vernetzt; alle kennen sich, wir vertrauen einander.

Keine Probleme in Bezug auf Religionen?

B.: In der Regel sind es die jungen Frauen, die diesbezüglich Andeutungen machen, indem sie antworten: »Was du sagst, geht mich nichts an, ich werde erst sexuelle Beziehungen haben, wenn ich verheiratet bin. Ich bin ein ernstes Mädchen.« Ich werfe dagegen ein, dein Freund hat aber vielleicht vorher schon mal, und vor allem erkläre ich, dass meine Informationen dazu nützen sollen, sich wehren zu können. Ich ermuntere sie nicht, sexuelle Beziehungen zu haben. Wir gehen vom Respekt vor dem Körper aus, dem Respekt vor der Einwilligung. Niemand kann euch etwas aufzwingen, was ihr nicht wollt. Ihr entscheidet in Kenntnis der Sachlage. Danach entpannen sich die Jugendlichen. Es gab bisher keine Einmischung seitens der Kirchen oder religiösen Gruppen. In

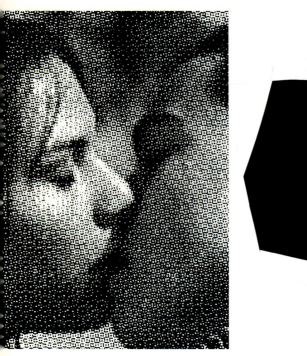

Aubervilliers haben wir eine Synagoge, eine Kirche und ganz in der Nähe in Courneuve gibt es eine Moschee. Vielleicht könnte das alles Teil des Netzwerkes sein, aber wir haben uns niemals um Kontakt bemüht, weder sie noch wir.

Und mit den Jüngeren?

B.: Für die fünften Klassen kommt eine Krankenschwester und eine andere Beauftragte. Diese führen Verantaltugen über Gesundheit und das allgemeine Wohlsein durch, immer ausgehend vom Thema »Und du, alles klar?«. Für sie haben wir bei der Cité des Sciences eine Ausstellung gekauft, die sehr gut passt. Es sind Sachen wie »le mal dedans« (Zahnschmerzen/Schmerzen innendrin) und andere witzige Wortspiele. Ein Leitfaden, der an die Schüler verteilt wird, bereitet sie auf die Folgeveranstaltung in der siebten Klasse vor. Er wurde gemeinsam mit Nous Travaillons Ensemble entwickelt. Man findet da »S« wie Schwangerschaft, »D« wie Drogenabhängigkeit, »F« wie Fremdenfeindlichkeit und einen Verweis auf die entsprechenden Strukturen in der Stadt. Wir haben unsere Themen und Texte zu Nous Travaillons Ensemble gebracht, Nous Travaillons Ensemble hat sich davon inspirieren lassen für Bilder, die wir Stück für Stück ausgesucht haben. Für jedes Thema gibt es ein Bild. Bald werden wir mit den sechsten Klassen zu Drogenabhängigkeit arbeiten.

Welche Lehre zieht ihr aus diesen Erfahrungen?

B.: Einfach nur zu reden käme einer Dampfwalze gleich. Ohne die Ausstellung wäre es schwirig, weil die Veranstaltung an sich nichts ist, was die Jugendlichen erwarten. In keinem anderen Lehrmaterial findet sich ein Bild über Selbstbefriedigung. In einigen Familien ist Sexualität tabu. In bestimmten Religionen und Kulturen braucht man erst gar nicht davon anzufangen, man sagt sich, die Jugendlichen sollen selbst damit zurechtkommen. Aber sie entdecken die Sexualität auf der Straße mit anderen, die bereits ein frustriertes, entwertendes, schockierendes gewalttätiges, beschmutztes, vermarktetes Bild davon haben. Wenn man die Dinge dabei belässt, können einige Jugendliche ein Verhalten entwickeln, das für sie selbst und andere gefährlich ist. Wir öffnen Türen. Wir sagen, wir sind hier: Wenn ihr Kummer habt, zögert

Die Bilder zeigen einige der in der »Ausstellung« »et toi, ça va?« gezeigten Motive

nicht, zu uns zu kommen. Und viele kommen in unser Büro und fragen nach Präservativen, nach Aidstests und Schwangerschaftstests, wollen einen Ratschlag oder einfach nur reden. Wir bewirken keine Wunder. Aber wenn wir Jugendliche dazu bringen, über ihr Verhalten nachzudenken, wenn sie wissen, sie können zu uns kommen, ist das schon viel für uns. Heute arbeiten wir mit den kleinen Brüdern derer, die wir 1992/93 angesprochen hatten. Wir haben jetzt Verbindungen in den Vierteln. Wenn sie sehen, wie wir mit ihren kleinen Brüdern sprechen, brauchen sie sich keine Sorgen machen. Manche sind jetzt selbst Betreuer und laden uns in ihre Jugenzentren ein. Allmählich setzt der Schneeballeffekt ein, so dass wir es uns erlauben können, am Aidstag schwerpunktmäßige Aktionen in den Vierteln zu starten, wir verteilen Broschüren, Präservative. Zum Glück ist Liebe nicht nur AIDS.

Wie ergeht es Ihnen bei Ihren Veranstaltungen?

B.: Letztlich ist es nicht kompliziert. Man muss nur auf die Füße fallen und einfache Worte benutzen, man muß ehrlich, überzeugt und respektvoll sein und vor allem zuhören können, Dafür sorgen, dass sie sich wohlfühlen. Die Beziehung beruht auf Gegenseitigkeit. Ich glaube nicht, dass es eine Frage des Alters ist; es ist eine Frage des Feelings. Was ich tue, tue ich mit dem Herzen. Wenn die Jugendlichen mir die Hand schütteln, mit mir reden, bin ich glücklich. Sie vertrauen mir. Es geht mir nicht darum, den großen Star heraushängen zu lassen. Ich weiß, dass es eines politischen Willens bedarf, um das alles umzusetzen. Mein Ziel ist dies nicht; ich will sie damit nicht zu Staatsbürgern erziehen. Auch wenn ich weiß, im Falle eines politischen Wechsels sind wir die ersten, die über die Klinge springen. Was ich tue, ist Dienstleistung. Es gibt einen Bedarf und wir treffen den Kern dieses Bedarfes.

Interview: Hélène Amblard
Übersetzung: Odile Kennel

B. Baudin, Fotoreportage über Arbeitslose in Südfrankreich,
Asstellung während des Fotofestivals in Arles 1998

Le bar Floréal

Le bar Floréal?

Vielleicht waren Sie vor einigen Jahren während der »Rencontres Internationales de la Photographie d'Arles« (Internationale Begegnung der Fotografie von Arles) an der Bourse de Travail in einer Austellung über die Grenze USA - Mexiko oder in einer anderen über La grande nuit (Die große Nacht) oder auch in l'Europe de l'autre côte des étoiles (Europa auf der anderen Seite der Sterne). Oder sie haben im Rahmen des Mois de la Foto (Monat der Fotografie) in Paris das Viertel Belleville in Begleitung des Fotografen Willy Ronis durchquert.
Möglicherweise haben sie aber auch das Dieppe de Georges Marchand in einer Galerie am Fuße des Parks von Belleville entdeckt. In jüngerer Zeit haben sie vielleicht für die Ausstellung Serge, Denise, Françoise... von Olivier Pasquiers einen merkwürdigen Ort namens »La Moquette« zu betreten gewagt... Oder aber Sie haben als Bewohner eines sanierten Sozialviertels ihre Straße oder ihr Gesicht in einem Buch gesehen, ganz genauso wie die Leute von Belfort und der Cité Verte in Verdun oder wie die Jugendlichen von Blanc Mesnil...
Immer nannten diese Bilder le bar Floréal als ihren Urheber und dies dürfte die Erklärung für zahlreiche Missverständnisse, Unklarheiten und auch für Schweigen sein.
Eine Gruppe von Fotografen (Bernard Baudin, Jean-Luc Cormier, Sabine Delcour, Nicolas Fremiot, Alex Jordan, André Lejarre, Noak, Olivier Pasquiers und Jean-Pierre Vallorani) besteht darauf, sich im wahrsten Sinne des Wortes hinter dem Namen einer früheren Kneipe des Pariser Arbeiterviertels Belleville zu verstecken. Kollektivismus? Falsche Bescheidenheit? Vermarktungsfehler? In der Tat hatten die Gründer nichts geringeres im Sinn als Partei zu ergreifen für eine bessere Welt, sich für soziale Belange einzusetzen und sich nicht von irgendwem kaufen zu lassen... Vom ökonomischen Standpunkt aus betrachtet, verhieß dies keinen guten Start.
Was die Vermarktung anbelangt – kann man soziale Einmischung »verkaufen«? Kann man den Kopf voller kommerzieller Überlegungen haben, wenn man nur eines will: sehen, aufnehmen, zeigen, Beziehungen herstellen zum Menschen von nebenan? Anstatt von »Verkauf« zu reden, versuchen wir vielmehr, die finanziellen Bedingungen zu schaffen und die menschlichen und ideellen Netzwerke zu knüpfen, die Voraussetzung sind für Aktionen im öffentlichen Interesse. Wir haben auch die Erfahrung gemacht, dass spektakuläre Aktionen und ihre Vermarktung durch die Medien (welche als unabdingbar für Erfolg betrachtet wird) oft schmerzliche Frustrationen zur Folge haben (Wieviele gaben sich schon im Lichte der Scheinwerfer und auf der Bühne der geschriebenen oder audiovisuellen Presse ihren Illusionen hin. Wieviele sind anschließend von weit oben in das schwarze Loch des Vergessens gefallen?)
Die Welt der Fotografie »stellt« den Blick gerne so »hin« wie andere ihre Tasche abstellen. (Le monde photographique aime à «poser son regard» comme d'autre pose leur sac.) Aber die Welt im allgemeinen fühlt sich durch dieses »Hinstellen«, das allzuoft zu ihren Ungunsten ausfällt, zunehmend gestört, ja sogar bedroht. Und das fotografische Auge wird endgültig ins Abseits gedrängt werden,

»Pauvre France«, Ausstellung und Bildband, 1988, Reportage über Armut in Frankreich, initiirt von le bar Floréal, produziert von le Secours Populaire, Fotografen: Marie-Paule Nègre, André Lejarre

Maler von Banlieue-Banlieue (Vorstadt-Vorstadt) realiesieren drei Fresken auf der Fassade von le bar Floréal, 1987

wenn seine Besitzer nicht die richtige Entgegnung finden. Hier wird sich der Fortgang unseres Abenteuers entscheiden und nicht etwa (zum Beispiel) im Streit mit den digitalen Spielzeugen der Zukunft. Der klare Blick hat nichts zu tun mit technischer Ausstattung: Er beherrscht oder umgeht sie.

Das besaß gestern Gültigkeit und wird auch morgen noch so sein.

Text: Alex Jordan, Übersetzung: Odile Kennel

Interview mit Olivier Pasquiers von le bar Floréal

Wie ist die Entstehungsgeschichte Eurer Gruppe?

O.P.: le bar Floréal besteht seit 1985, also schon länger als 12 Jahre. Anfangs gab es drei Fotografen Alex Jordan (Kopf der Grafikgruppe Nous Travaillons Ensemble), Noak Carrau und dann André Lejarre. Danach kamen dann andere dazu... Das Konzept der Gruppe ist es, als Fotografen zu arbeiten – das ist heutzutage nicht leicht – also alle Aufträge bearbeiten zu können, die unseren Fähigkeiten entsprechen. Sei es ein Auftrag für eine Stadt, eine Einweihung, die Presse. So können wir auf fast alle Aufträge eines klassischen Fotografen antworten.

Die Gruppe ist gegründet worden, um Fotografie im sozialen Bereich und zum öffentlichen Nutzen zu machen (la photographie d'utilité publique) und aus dem Interesse der Fotografen für die Welt, die sie umgibt, mit Hilfe der Fotografie zu reagieren, über die Welt zu reden.

Viele Projekte wurden in den Stadtbezirken gemacht, in der Arbeitswelt, in den Betrieben, mit den Betriebsräten. Und manche Reportagen sind auch im Ausland entstanden. Es gab z.B. eine Arbeit über die amerikanisch-mexikanische Grenze, um über den Nord-Süd Bruch zu reden, dort wo er stattfindet, wo es physisch beinahe ein Äquivalent zur damaligen Berliner Mauer ist. Denn Amerikaner können die Sperre ohne Probleme passieren, wie die Westberliner auch. Mexikaner können passieren, wenn sie reich sind. Jene Mexikaner aber, die Arbeit suchen, haben die schlimmsten Schwierigkeiten. Das war also einerseits eine fotografische Arbeit, eine Reportage, darüber hinaus aber, um mehr als nur eine Bestandsaufnahme zu machen, ein Mittel, über diesen Ort der Welt zu reden, um zu sehen, wie sich die Verhältnisse auf unserem Planeten entwickeln und wie sie sich schlecht entwickeln können.

Was wir immer versucht haben und nicht immer einfach ist, ist zuerst einmal genug Zeit zu haben, um nicht nur einfache Journalisten zu sein, die in drei Tagen ein Thema abhandeln und das ergibt dann Fotos, die in die Presse kommen können. Denn es ist leider so, dass die Presse, die wir kennen, mit der wir arbeiten, nicht genügend Mittel hat, um die Fotografen eine Woche, 14 Tage, drei Wochen zu einem Ort zu schicken. Auf jeden Fall ist es schwierig einen Presseauftrag zu bekommen, um an einem sozial oder politisch relevanten Ort einige Wochen in einem Stadtbezirk zu arbeiten und es danach in der Presse zu veröffentlichen. Ich kenne jedenfalls wenige, die das machen können. Was wir andererseits auch immer suchen, ist genug Platz, um mehr als drei Fotos unterzubringen. Denn leider gibt es nicht mehr viele Zeitungen in Frankreich, die drei, fünf, zehn Seiten für ein Thema bereitstellen, um zehn Fotos und genug Text unterzubringen, die also genug Platz schaffen, um sich ausdrücken zu können.

Wir haben in unseren Projekten stets versucht eine Ausstellung anzuvisieren, die genug Platz bietet, um 30 Fotos zu zeigen. Im besten Fall wurden sie gedruckt; in einem Buch, einer Zeitung, einer Beilage, um Text und Fotos den nötigen Raum zu lassen. Die Ausstellungen, die wir machen, wollen wir zuerst den Leuten zeigen, die fotografiert wurden. Sie werden also vor Ort gemacht oder in der Fabrik oder es wird dafür gesorgt, dass die Leute offiziell eingeladen werden, wenn sie im Stadtzentrum stattfindet, damit die Menschen aus den Bezirken ins Stadtzentrum kommen und die Abgeordneten treffen können, damit es eine gewisse Durchmischung gibt. Und wenn es dann Bücher oder Gedrucktes gibt, muss dafür gesorgt werden, dass sie auch kostenlos oder kostengünstig an diejenigen verteilt werden, die teilgenommen haben. Das ist sehr wichtig. Es geht darum, nicht nur ein Buch zu machen, was man dann in zwei bis drei Buchläden der Stadt kaufen kann. Man muss dafür sorgen, dass diese Worte, die Bilder der Leute, ihr Engagement und die Zeit die sie sich genommen haben, um die Schriftsteller und Fotografen zu empfangen, eine Spur hinterlässt, dass sie davon eine Erinnerung zurückbehalten. Wir müssen eine Qualität erreichen, bei der die Leute stolz sein können, an den Projekten teilgenommen zu haben.

Fotografische Arbeit von Bernard Baudin in der Cité Verte von Verdun für ein Buch und eine Ausstellung produziert von der Agentur Faut Voir im Musée de la Princerie de Verdun

Welche Aufträge nehmt ihr an und welche würdet ihr ablehnen?

O.P.: Wir haben ganz selten Anfragen, die wir nicht beantworten können. Sei es wegen der fehlenden technischen Mittel oder wegen des Know-how(s). Denn die Auftraggeber kennen uns. Ob es Aufträge gibt, die wir ablehnen? Ich glaube wir würden alle Aufträge ablehnen, die aus der Sicht der Berufsethik nicht akzeptabel sind. Ich habe keine Lust, für eine rechtsextreme Partei zu arbeiten. Und ich denke, kein Mitglied der Gruppe würde einen berufsethisch inakzeptablen Auftrag annehmen. Wir sind eine Gruppe mit einem Engagement für die Welt, mit einem politischen Engagement im weitesten Sinne, die natürlich nicht jeden Auftrag akzeptieren kann.

Anschließend würde ich sagen, nehmen wir jeden Auftrag an, der professionell akzeptabel ist. Er muss korrekt bezahlt sein. Und selbst, wenn wir manchmal Zugeständnisse machen, weil es sich um einen kleinen Verein handelt oder das Thema uns interessiert, können wir nur unter Schwierigkeiten unbezahlt arbeiten. Aber auch das kommt vor. So haben wir beispielsweise für einen Arbeitslosenverband gearbeitet. Ich habe während drei bis vier Jahren, seit ihrem Bestehen, für die Straßenzeitschrift »la rue« gearbeitet. Es war zwar bezahlt, aber nicht in dem Maße, indem man normalerweise von einer Zeitung bezahlt werden sollte. Das ist eben Teil der engagierten Arbeit.

Ich arbeitete auch eine Zeit lang für ein anderes Straßenjournal, »le reverbère«. Doch ich hörte sofort wieder auf, da mir das, was ich dort las, überhaupt nicht gefiel. Ich habe keine Lust für eine Zeitung zu arbeiten, wo mir die Artikel den einen Tag politisch gefallen und mich am nächsten Tag rasend machen, weil es an der Grenze zum Faschismus oder Rassismus ist. Das ist nicht möglich. Wir müssen lesen, selbst wenn wir nur Fotografen sind. Die Artikel begleiten schließlich unsere Fotos.

Wenn wir z.B. mit den Leuten vom »Figaro« zusammenarbeiten, was selten vorkommt, dann achten wir genau darauf, welche Artikel unsere Fotos begleiten, um nicht in eine Falle der Journalisten zu geraten, die in der klassischen Rechten sind. So gibt es Journalisten, wie z.B. Pauwels, die für Zeitungen der klassischen Rechten, wie »Figaro«, arbeiten, aber eigentlich Rechtsextreme sind. Man darf also nicht in die Falle tappen, indem man z.B. ein Foto von Immigranten macht, das sich dann in einem Artikel wieder findet, der fordert, dass alle Immigranten zurückgeschickt werden sollten. Man muss also wachsam zu sein.

Arbeitet ihr wirklich im Kollektiv zusammen oder, je nach Auftrag, jeder für sich?
Wie kommen die Aufträge zu le bar Floréal?
Und wie werden die Aufträge verteilt?
Diskutiert das Kollektiv die Arbeiten?

O.P.: Wir versuchen uns einmal pro Woche zu treffen. Normalerweise kommt Alex auch, obwohl er in der Woche selten da ist. Und da diskutieren wir ein bisschen über alles, auch über Materialprobleme. Wir bereden die Projekte von le bar Floréal, also Projekte, die jeden Fotografen oder nur einen betreffen können. Wir zeigen uns aber nicht häufig unsere eigenen Arbeiten. Denn die Alltagsfragen, die Miete bezahlen zu müssen etc., nehmen in der Diskussion viel Platz ein. Um zum ersten Teil der Frage zurückzukommen: Bei uns gibt es zwei Arten von Aufträgen. Zum einen die Alltäglichen: »Ich brauche ein Foto von einer Schuleinweihung oder eine Reportage«. Cécile ist es, die alle Aufträge entgegennimmt. Sie verteilt sie dann in Abhängigkeit der Verfügbarkeit eines jeden. Das ermöglicht uns eine flexible Zeiteinteilung.

Aber das ist nur Broterwerb. Das erhält die Struktur am Leben und uns selbst. Dann gibt es Aufträge, bei denen der Kunde gerne mit Olivier Pasquiers arbeiten würde. Wenn Olivier Pasquiers verfügbar ist, versuchen wir, dem Kunden gerecht zu werden. Wenn nicht, wenn ich fort bin, versucht Cécile einen anderen vorzuschlagen.

Und dann gibt es noch die spannenden, persönlichen, interessanten Projekte. Auch hierbei gibt es wieder zwei Arten: Entweder sind es Projekte mit einem Fotografen. Ich habe also z.B. die Idee, mit alten Leuten zusammenzuarbeiten. Dann stelle ich die Arbeitsmappe zusammen, mache Termine, und versuche Geld zu finden, also jemanden, der fähig ist den fotografischen Auftrag zu bezahlen. In diesem Falle bin ich es also, der die Arbeit entwickelt und ausführt. Das wäre also eine persönliche Arbeit, die aber am besten umgesetzt wird, wenn sie mit den anderen besprochen wird. Das kann soweit gehen, dass ich zu Alex gehe, um die Grafiker seiner Gruppe zu treffen.

Und dann gibt es kollektive Arbeiten: vor einigen Jahren wurde in Blanc-Mesnil ein Kulturforum mit einer Bibliothek, einem Konzertsaal, einem Theatersaal etc. eröffnet. Der Leiter des städtischen Informationsbüros suchte nach Mitteln und Wegen, die Bevölkerung zum Besuch des am Stadtrand liegenden Kulturzentrums zu bringen. So entstand in einer gemeinsamen Diskussion zwischen dem Informationsamt, Nous Travaillons Ensemble und den Fotografen die Idee der 1001 Porträts der Bevölkerung von Blanc-Mesnil.

Wir stellten uns an einer Kreuzung, auf dem Markt, vor der Kirche mit einem festgelegten Fotoprozess auf. Wir arbeiteten in schwarz/weiß, im Format 24x36 und mit der open-flash-Technik. Wir kauften uns einen großen Marktschirm und sprachen die Leute an, ob sie sich nicht fotografieren lassen wollen. Danach gingen wir viermal im Monat dort hin, während fast sechs Monaten. Aber alle fünf oder sechs Fotografen, die daran teilnahmen, machten ungefähr dieselbe Art Fotos. Es gab eine gestalterische Vorlage für die Fotografien. Jeder, der daran teilnahm, musste sich danach richten. In diesem Extremfall war es der Grafiker, der zwischen Auftraggeber und Fotograf stand. Er war es, der die Art der Fotografie bestimmte.

Im darauffolgenden Jahr waren wir nur noch zwei, André und ich. Wir haben diese Aktion wiederholt, aber diesmal verteilten wir Fotoapparate an junge Leute und baten sie, ihr Leben in der Stadt zu fotografieren. Das ergab dann noch einmal eine

Ausstellung und ein kleines Buch mit einem »Lexikon«, in dem z.B. Adressen von professionellen Schulen für interessierte Jugendliche aufgelistet waren.
Blanc-Mesnil ist eine Arbeit wo alle Fotografen, die Lust haben, mitmachen können.
Die Entscheidung, welcher Fotograf was macht, hängt von seinen Interessen und seinen Möglichkeiten ab. Und manchmal wird gezankt, wird diskutiert oder man wirft eine Münze. Es ist auch möglich, dass es zu einem Thema nur Arbeit für einen Fotografen gibt, es aber zwei machen wollen. Wenn es also keinen objektiven Entscheidungsfaktor gibt, wird eine Münze geworfen.

Es gibt doch sicher Aufträge, die besser bezahlt sind als andere. Wie wird das organisiert? Wird das in der Gruppe ausgeglichen?

O.P.: Wir versammeln uns regelmäßig, um zu entscheiden, wieviel wir uns für die kommenden sechs oder zwölf Monate zahlen werden. Die Fotografen werden nach dem Prinzip bezahlt, dass alle das gleiche bekommen.
Wir wissen, wieviel die Struktur kostet, wieviel also jeder Fotograf dazusteuern muss, um die Mieten, das Telefon und unsere beiden Angestellten Cécile und Claudine zu bezahlen. Wir versuchen also, dass jeder, selbst wenn er eine persönliche Arbeit betreibt, die wenig Geld bringt, auch durch alltägliche Arbeit dazusteuert, die Struktur unterhält.
Die Fotografen brauchen also Geld um zu leben. Wenn man mich morgen anrufen würde und mich fragt, eine Werbung für einen Salathändler zu machen, und wenn das mit 200 000 Francs bezahlt werden wird, was mir erlaubt, mit drei Monaten Arbeit den Rest des Jahres etwas für das Arbeitslosenkommité zu machen... warum also nicht? Das wäre keine Werbung für eine politische Partei, gegen die ich was habe. Die Grenze ist da. Wenn es keine Werbung ist, wo sich mir die Haare sträuben. Warum nicht Werbung für Coca Cola machen? Aber da habe ich keine Sorgen, mich würde man nicht fragen. So kann ich behaupten, dass ich es täte. Wo ist also die Grenze? Das ist schwer zu sagen. Sicher sollte man nicht die Seele verkaufen.

Gibt es einen Unterschied zwischen den Zeitungsreportagen, die vielleicht auf die Schnelle für die Massenmedien produziert werden, im Vergleich zu den Arbeiten, wofür man sich mehr Zeit nimmt, wo man versucht, den bestmöglichen Kontakt herzustellen?

O.P.: Auf jeden Fall finde ich, dass die Presse sehr interessant ist für die Fotografen. Weil sie es ermöglicht, vielen Themen, vielen Leuten in kurzer Zeit zu begegnen. Dadurch lernt man viel kennen.

Gibt es einen Unterschied in der Arbeitsweise, in der Art des Sehens zwischen dem Journalisten, der gezwungen ist sich zu beeilen und jenem, der sich Zeit nehmen, Kontakte knüpfen kann?

O.P.: Nein, das ist gleich.

Ist der Fotograf, der fast im Vorbeigehen fotografiert, nicht sichtbarer in seinem Foto?

O.P.: Nein, ich glaube, dass ist eine Frage der Sensibilität. André macht klassische Reportagen wie die Leute von »VIVA«, Cartier Brésson, in dieser Tradition, wo er sehr wenig sichtbar ist in seinen Fotos. Wenn er einen Monat an einem Ort bleibt, ist er wenig präsent in seinen Bildern. Und wenn er einen Nachmittag bleibt, ist er nicht mehr präsent. Das ist eine Art zu fotografieren.

Ich stelle mir vor, dass man angesichts einer Realität, die man nur sehr wenig kennt, eher gezwungen ist, seine eigenen Gedanken auf das Thema zu projizieren.

O.P.: Ja, aber wenn es eine Realität ist, die man gut kennt... Die Fotografie ist weit davon entfernt, eine Wiedergabe der Realität zu sein. Das ist die Repräsentation der Realität aus der Sicht des Fotografen. Ich glaube, ein Fotograf, der sich Zeit nimmt, kann die Realität auf genauso schöne Weise verzerren wie ein Journalist, der für ein rechtes oder linkes Blatt arbeitet und die Dinge auf rechte oder linke Weise zeigen will.
Alex und seine Gruppe machten dazu eine Ausstellung, über die Titelseiten der Zeitungen während des Streiks 1995. Da siehst du, das ist klar, wenn du Lust hast, einem Politiker, einem Gewerkschafter, einer Demo das Genick zu brechen... Macht man ein Foto eines Politikers, der lächelt, dann ist das angenehm zu sehen, macht man eines, wo er schreit, den Finger in der Nase..., dann geschieht das, um sein Image zu zerstören. Auf jeden Fall legt man in das Foto, was man dort hineinlegen will. Ich glaube überhaupt nicht an eine Objektivität in der Fotografie.

Interview: Sandy k und H. Bedurke,
Paris, 02.10.98, Übersetzung: H.B.

Demonstration des Arbeitslosenverbandes »APEIS« Paris, März 1994,
Foto: Marc Patau

Ne pas plier

(Ne pas plier: »nicht falten« z.B. für amtliche Dokumente und »nicht umfallen«, »sich nicht beugen« für den menschlichen Willen)

Der Verein

»Immer mehr Frauen und Männer werden an den Rand der Gesellschaft gedrängt. Sie sind dem Schweigen unterworfen, beraubt der Ausdrucksmittel für ihr Elend, für ihre Revolte. Aus dieser Feststellung wurde 1991 der Verein Ne pas plier geboren. [...] Basierend auf der Energie der Sehnsucht im Verbund mit Künstlern, Arbeitern, Wissenschaftlern, Vereinsverantwortlichen und Studenten... agiert der Verein mit Strukturen, die er sich selbst gegeben hat: »das Laboratorium«, »der Laden frischer Kunst«, »die pädagogische Werkstadt«, »das Observatorium der Stadt«. Ne pas plier vereint all jene, die, dem dominanten Diskurs widerstehend, ihr Recht zu existieren ausdrücken wollen.« (aus einer Selbstveröffentlichung des Vereins)

Während seiner Zeit bei Grapus begann Gérard Paris-Clavel über neue Strukturen nachzudenken, da er die Zunahme »kommerzieller« Aufträge in der Gruppe mit Skepsis betrachtete und darin ein Rückgang der Bedeutung und der Freiheit des künstlerischen Schaffens sah. Zunächst gründete er 1990 mit Vincent Perrottet die Gruppe les graphistes associés.
Ne pas plier wurde von Gérard Paris-Clavel, Marc Pataut und Vincent Perrottet gegründet.
Zu den ständigen Mitgliedern gehören derzeit Isabelle de Bary, Jean Bayle, Philippe Bissière,
Gérald Goarnisson, Brian Holmes, Bruno Lavaux, Gérard Paris-Clavel und Gilles Paté.
Der Verein ist offen für jeden, der an dem Abenteuer teilhaben will und er begreift sich als nicht profitabel. »Der Verein wird unterhalten von Bilderproduzenten und Freunden der visuellen Expression. Sein Ziel ist es, Bilder zu produzieren und zu verteilen, die eine Bedeutung haben und Themen der humanistischen Dringlichkeit auf nationaler und internationaler Ebene behandeln. Das Original des Bildes ist die Kopie. Sein Entstehungsmodus ist das Teilen von Ideen und die Zusammenarbeit.« (Artikel 2 des Statutes des Vereins von 22. Mai 1990.)
Die flexiblen Strukturen des Vereins erlauben den Menschen aus ihren »Ghettos« auszubrechen und fachübergreifend zusammenzuarbeiten. Das hauptsächliche Instrument dieser Zusammenarbeit ist »Das Laboratorium«, welches die Mitglieder organisiert und die Ergebnisse ihrer Recherchen in Form bringt: Text, Bild, Debatten und Aktionen.
»Der Laden frischer Kunst« erlaubt dem Verein durch seine rund sechshundert Mitglieder Bilder auszustellen, zu verteilen oder in Aktionen wie auf Demonstrationen auf die Straße zu tragen.
»Das pädagogische Atelier« organisiert Kurse und Debatten.
»Das Observatorium der Stadt« dient als Treffpunkt für Debatten und Workshops. Es ist ein enormes Atelier im höchsten Gebäude von Yvry-sur-Seine, am Stadtrand von Paris, mit einer großen Dachterrasse, das ein idealer Ort ist, um über die Stadt und das menschliche Zusammenleben nachzudenken.
Die offenen Strukturen, das fachübergreifende

Zusammenarbeiten und das Fehlen von Hierarchie deuten darauf hin, dass ein kreativer Schwerpunkt der Arbeit in der Zusammenarbeit selbst liegt. Der Verein ist also vor allem ein Zusammenleben, ein ständiger Dialog, ein sich gegenseitig stützen, Mut machen und anleiten, ein Bündeln von Energien, um diese Welt zu verstehen und mitzugestalten. »Ich habe einen Beruf, der keine Namen hat. Meine Leidenschaft bezieht sich auf alles, was zwischen Individuen passiert.« (Isabelle de Bary interviewt von Catherine Nisak 1994.)

Die Aufmerksamkeit von Ne pas plier dient allen Problemen des menschlichen Zusammenlebens. »Sie machen ihre Arbeit mit jenen, die ihre Hoffnungen nur schwer festmachen können: Arbeitslose, Obdachlose, Schulmädchen und -Jungen aus dem Norden von Paris, Krankenschwestern, die einfach nur versuchen, Betten für jene zu retten, die nicht zahlen können.« (John Berger, Katalog zur Ausstellung im Stedelijk Museum Amsterdam, 1995.)

Beispielprojekt: Arbeit realisiert durch Gérard Paris-Clavel mit dem Verein für Kultur und Wissenschaft Fondation 93 und Antonio Ugidos, Psychologe bei GRIPS

Mädchen: Ist der Orgasmus einer Frau dergleiche wie der des Mannes?

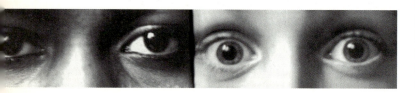

Interview mit Gérard Paris-Clavel

Wie entstand das Projekt »Garçon/fille«?

(P.-C.): Mich konsultierte ein Kulturzentrum in Frankreich, um eine Ausstellung gegen AIDS, für die Jugend, zu machen. Sie haben eine Studie bezahlt, um eine Ausstellung mit großen Containern zu machen, eine richtige Inszenierung. Ich übergab die Studie mit den Worten: »Aber nein, das kann ich nicht machen. Das ist ein sich Entfernen vom Problem, das ist ein Spektakel, das hat nichts mit dem Thema zu tun. Es wäre besser, das Thema richtig zu studieren.« Man kann das nicht auf diese spektakuläre Weise behandeln. Die Leute, die mich bezahlten, sollten also akzeptieren, dass ich das Geld behalte und eine Studie abgebe, die sagt: »Ihr Thema ist blöd.« Das ist eine professionelle Erfahrung: das Geld behalten und den Auftrag nicht ausführen.

Weil es ein Kulturzentrum ist, sollten sie nicht mit spektakulären- oder Werbemethoden arbeiten.

Man muss wissenschaftlich arbeiten, mit wissenschaftlichen Kompetenzen, d.h. mit Psychologen, Semiologen, Epedimologen und Leuten aus den AIDS-Zentren. Wir werden eine Arbeitsgruppe zusammenstellen und anderthalb Jahre arbeiten und bezahlt werden. Das ist eine richtige Forschung, das ist teuer. Also ersteinmal akzeptieren sie das, was rar ist hier, und dann (zeigt das kleine Heft: »Garçons/Filles«) ist das das Ergebnis, anstelle einer großen Ausstellung mit den Containern.

Und dann, sobald wir das Thema vorantrieben, wurde uns klar, dass AIDS für die Jugend das falsche Thema ist. Das wahre Thema heißt Sexualität. Also muss man Fragen zur Sexualität stellen. Aber das ist sehr schwierig in Frankreich. Man braucht beinahe den Vorwand AIDS, um über die Sexualität der Jugend zu reden. Des weiteren, um über Sex zu reden, darf man nicht an ihrer Stelle reden. Man muss ihnen zuhören. Also haben wir das Gehörte aufgenommen, bearbeitet und klassifiziert. Wir haben Typologien des Themas angelegt. Unter 3000 – wieviele gab es zum Thema Masturbation, wieviele zur Droge, wieviele zur Regel...(ich erkläre das, um meine Vorgehensweise zu beschreiben.)

Diese gelben Seiten, das ist eine enorme Schreibarbeit. und das, was wir ausgewählt haben ist wirklich relativ wesentlich. Wir haben die Fragen von 50 Jungen und 50 Mädchen als Durchschnitt der Sache veröffentlicht. Das kann man abreißen, d.h. das ist Teil eines Spiels.

Und jetzt merken wir, wenn das ganz gut funktioniert, dann deshalb, weil wir den jungen Leuten keine Antworten angeboten haben, sondern ihre Fragen teilten.
(aus einem Gespräch zwischen Gérard Paris-Clavel und Studenten der HdK)

(P.-C.): Ich werde dir einige lose Elemente zu deinem Problem geben. Das sind Sinnelemente. Du wirst dir das dann organisieren. Ich bin nämlich gerade dabei einen Text auszuarbeiten für eine Konferenz in Argentinien in 15 Tagen über die Ausbildung, die Grafik und die Gesellschaft.
Grundsätzlich beginnt man zu lernen, wenn man versteht, dass man nicht versteht, weil man dann kritisieren kann. Wenn du die Werbeplakate siehst, für viele Leute gibt es da keine Kritik, weil sie glauben, alles zu verstehen. Und so kritisieren sie nichts und ertragen nur. Wenn du ein kulturelles Bild siehst, das du nicht verstehst oder das dir eine Frage stellt, dann kann das dein Verlangen wecken zu lernen, zu kritisieren, voranzukommen.
Unsere Arbeit ist Wissensdurst zu produzieren. Kunst oder Grafik vermittelt kein Wissen, aber sie können die Begierde wecken, zu lernen.

Gibt es deiner Meinung nach eine a priori-Verantwortung für den Grafiker?

(P.-C.): Aber natürlich. Das ist doch klar. Aber man muss auch lernen nicht verantwortlich zu sein, während man die Verantwortlichkeit praktiziert. Man muss sich nicht durch eine Hyperverantwortlichkeit limitieren. Sonst wird man schnell zum Fanatiker. Doch sollte man sich der Verantwortung bewusst sein.

In Gesprächen mit Bekannten wurden diese Frage oft rigoros abgelehnt. Dahinter verbirgt sich vielleicht die Ablehnung, sich wodurch auch immer einschränken zu lassen.

(P.-C.): Aber das ist doch dumm. Es ist zu einfach an einer widerlichen Sache mitzuwirken, und dann zu sagen: »Ich habe ja nur illustriert.« Der Typ, der die Zeichen für die Konzentrationslager machte hat sich ebenso mitschuldig gemacht. Er hat eine schöne Arbeit gemacht – die Dreiecke in gelb, rosa und schwarz, die Judensterne und all diese Zeichen. Der Mensch ist mitschuldig, weil er das unterstützt hat. Der Typ, der die Eisenbahnen für die Deportation reguliert hat ebenso. Man muss aufhören zu glauben, dass man seine Arbeit vom sozialen Sinn

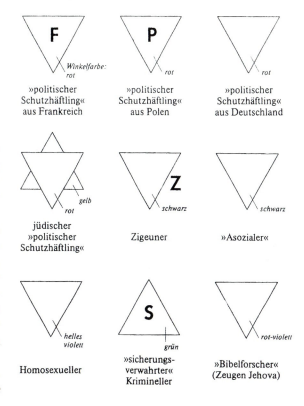

trennen kann. Das ist nicht möglich. Für mich persönlich ist der Grafiker-Bürger jemand, der am sozialen Konflikt teil hat. Das heißt nicht, dass er immerzu nur politische Plakate macht. Man muss es ja auch nicht karikieren. Ich will einen politischen Umgang mit der Kunst. Ich will keine politische Kunst. Politische Kunst ist dumm. Meinen künstlerischen Akt kann ich zu einem Thema machen, was mit der Dringlichkeit nichts zu tun hat aber mein Umgang damit versucht politisch zu sein. Wenn man diesen Unterschied nicht sieht, wird man schnell Fanatiker oder fällt zu dem zurück, was wir vorher hatten, mit einer Art Kunst der Arbeiter im Kampf und so'n Quatsch.
Das Problem ist, dass die meisten Leute glauben, man müsse die Konflikte in den Städten lösen. Aber man muss sie führen. Die Rolle der Bürgermeister und all derer, die die Macht haben, ist es eine Gegenmacht zu installieren, die die Konflikte aufspürt, damit man sie lösen kann. Wenn Obdachlose auf den Bänken schlafen, wird der soziale Konflikt geregelt, indem man die Bänke entfernt. Dabei müsste man aber noch mehr Bänke hinstellen, damit dieses Elend sichtbarer wird, damit die Leute sich dafür interessieren, sich einsetzen und

Freiheit – Gleichheit – Brüderlichkeit, Kostenloser Transport für Arbeitslose

das Problem hinterfragen. Aber sie haben Angst die Realität zu zeigen. Also verstecken sie sie.
Der Designer, der den Auftrag der RATP (pariser Metrogesellschaft), Bänke zu bauen, wo die Armen nicht mehr darauf schlafen können, akzeptiert, ist ein großes Arschloch. Ich verachte ihn. Das ist ein faschistoides Denken. Er sollte besser sagen: »Aber nein. Tut mir leid. Ich glaube ganz im Gegenteil, man müsste ein System finden, wo die Leute von der bis der Stunde im Warmen schlafen können. Ich werde ein System finden, wo sie etwas isoliert sein können. Ich erfinde eine provisorische Aufnahme, wodurch sie es bequemer haben. Weil das Problem existiert, ob sie es wollen oder nicht.

Denk' an den Gummi – danke

Ein wichtiger Ausgangspunkt ist zu wissen, wie jeder arbeiten will. Ist der Grafiker wirklich beschlossenermaßen an einen Auftrag gebunden? Und in welchem Fall? Welcher Teil des Auftrages ist an den Markt gebunden? Was ist der Teil der Nachfrage? Gibt es eine soziale Nachfrage für Grafik? Es gibt keine soziale Nachfrage.
Es gibt aber Aufträge und diese Aufträge sind nicht im Herzen der Demokratie wie die gesellschaftlichen Nachfragen, die der Grafiker aufdecken oder ausdrücken würde. Sie sind an den Markt gebunden, d.h. an Leute, die eine Vorstellung der Ware haben, die Ideen wie Produkte behandeln. Dieser Grafiker steht im Dienste des Sinn-Produzenten. Er hat keine Sinn-Autonomie. Er ist dazu da, den ihm gegebenen Sinn zu illustrieren. Also, wenn der Grafiker nicht die Möglichkeit hat auf dem Sinn-Niveau zu handeln, dann sind wir schon mal in einer sehr merkwürdigen Situation. Ein Künstler hat die Fähigkeit, den Sinn zu produzieren. Und er kann sich die Zeit seiner Produktion einteilen. Das ist eine fundamentale Grundlage. Ein Künstler kann seine Zeit einteilen und Sinn produzieren. Hingegen ist ein Grafiker oft gezwungen, die Probleme extrem schnell zu lösen, weil er an die Zeit der Ware gebunden ist. Zeit ist Geld. Er ist nicht an eine menschliche Zeit gebunden. Es gibt eine sehr große Phasenverschiebung zwischen der menschlichen-, ökonomischen- und sozialen Zeit.
Der Grafiker, der eine handwerkliche Herangehensweise an den Auftrag hat, ist den Gesetzen des Marktes unterworfen, die Zeit und Mittel bestimmen. Also wenn man jetzt von einem Grafiker redet, der Künstler-Grafiker ist, also jemand, der sein Denken von der Ökonomie und allen anderen Sachen befreit, der nur seine eigene Kritik behält und sich wie ein Künstler verhält... der ist besessen von der Notwendigkeit seiner Produktion. Davon gibt es nicht viele. Die meisten sind besessen von der Notwendigkeit, den Auftrag gut zu machen, den man ihnen gibt, um ihr Geld zu verdienen. Und weil es im Moment kein Geld mehr gibt, kommt etwas Perverses hinzu: das symbolische Kapital. Weil man kein Geld verdienen kann, ist jeder daran interessiert, so viel wie möglich symbolisches Kapital zu haben. Es gibt also das Bestreben, dass jede Arbeit ein Kunstwerk und ein Erfolg wird. Aber eine künstlerische Arbeitsweise ist nicht aufs Resultat, sondern auf den Prozess ausgerichtet. Der Grafiker betreibt aber im Gegenteil den Kult des Resultats, des Posters, des schönen Bildes, des schicken Layouts auf Kosten des Prozesses. Der Grafiker ist also jemand, der sehr

Ne Pas Plier – die Internationale in ihrer Nähe

schnell auf der Ebene des Resultats arbeitet. Damit kommt man fast zum Kunsthandwerk. Man kann also sagen, schön an einem Werk ist seine Jugend und die Geschichte des künstlerischen Weges. Diese enthält die schönsten Gedanken und den künstlerischen Austausch. Dort tritt der Körper des Künstlers in Beziehung mit den Anderen. Diese Phase ist zutiefst menschlich. Die Händler haben aber auch schon den Begriff des künstlerischen Weges durch den des Resultates ersetzt. Dieser aber ist einer, der an Macht angelehnt ist.

Und dann gibt es noch ein Problem bezüglich des Grafikers. Ist der Grafiker da, um eine Realität zu ästhetisieren oder um dazu beizutragen, sie zu politisieren? Leider wird die Realität immer mehr ästhetisiert. Ästhetik dient letzten Endes der Unterhaltung. So ist Kultur eigentlich ein Mittel Solidarität auszutauschen. Doch sie wird zunehmend als Freizeitbeschäftigung angesehen. Sie wird also zum Spektakel. Doch Kultur kann viel mehr. Der ganze Diskurs über die Kultur übernimmt keine Verantwortung für soziale Konflikte. Er negiert die sozialen Konflikte. Das heißt, die Kultur versucht außerhalb der soziale Konflikte zu sein. Obwohl sie dort ihre Wahrheit, ihre Kraft hat.

Dort ist das Leben.

Wir müssen also darauf achten, dass wir mit unserer Arbeit einen sozialen Sinn einbringen. Aber wir müssen es mit unserer aufrichtigen Intimität tun. Man muss nicht künstlich danach suchen, sonst kopiert man das Genre, was uns dann wie Virtuose erscheinen lässt, als gehörten wir zur Familie derer, die schöne Bilder machen. Man wird die Kodes kopieren, womit man riskiert, die Realität zu verraten, die dargestellt werden soll. Wir nehmen damit nicht das Risiko auf uns, unsere eigenen Schwächen darzustellen, um die Anderen auszudrücken. D.h. wir benutzen nicht unsere Intimität in der Arbeit, wie es Künstler tun. Wir benutzen die Virtuosität und das Know-how. Weil wir dadurch unsere symbolische Anerkennung erhalten. Es muss also Hochschulen geben, in denen man lernt, wie man seine Schwächen nutzbar macht und nicht wie man das Know-how kultiviert. Unsere Fähigkeit als Grafiker, selbst in einem Auftrag, ist zunächst herauszufinden, welche Frage uns die Fragestellung mitbringt. Wir sollten unsere kritische Fähigkeit fordern. Denn wir sind nicht dafür da, Antworten zu illustrieren, sondern, um Fragen heraus zu arbeiten. Das ist wichtig.

Mich hatte anfänglich so verwirrt, dass in Frankreich, was die Begriffsbestimmung betrifft, eine strikte Trennung zwischen Grafik und Werbung betrieben wird, obgleich Werbung ebenso als Teil der Grafik begriffen werden könnte. Was meinst du dazu?

(P.-C.): Die Werbung an sich ist etwas total negatives geworden, weil sie wesensmäßig mit der Ökonomie verbunden ist und alle Scham verloren hat. ersetzt wird. Und damit wird die Werbung ein ideologisches Werkzeug. Und später wird das eine bestimmte Sensibilität für die Welt herausbilden, die in der Werbung gezeigt wird. Anstelle der demokratischen Debatte, des Dialogs wird es nur noch Kommunikation geben. Jemand hat einmal etwas sehr schönes gesagt: »da wo es nur Kommunikation gibt, gibt es keine Dialoge mehr.« Und die Werbung ist ein Mittel der Kommunikation. Aber ich rede lieber von einem Grafiker, der ver-

»La galère du chômage« (Galere/Elend der Arbeitslosigkeit) bewegliche Ausstellung mit dem Arbeitslosenverband APEIS zur Globalisierung des Kapitals, Paris 1996

Sie ist pornografisch in dem Maße geworden, als sie eine Obszönität der Ware hat und jeden Gedanken zum Vorteil des Verkaufs verrät. Es gab sicher mal einen Moment, in der Werbung für kleine Produkte eine gewisse Qualität des handwerklichen Austausches hatte. Aber das ist praktisch vorbei. Heute ist die Werbung total dem Medialen hingegeben. Das Mediale hat das Politische ersetzt. Und die mediale Unterhaltung ersetzt die Politik. Die Werbung schließt sich dem an, weil sie ein Modell des Glücks zu geben versucht, damit man sich daran orientiert und schließlich kauft.

Sie kreieren ja auch massenhaft Bedürfnisse, die nicht unbedingt sinnvoll sind.

(P.-C.): Selbstverständlich. Aber sie stützen sich immer auf Dinge, die schon existieren und wollen uns weismachen, dass sie neu sind. Und damit transportieren sie eine reaktionäre Idee als eine revolutionäre. François Barré sprach einmal sehr schön vom »kapitalistischen Realismus« und meinte damit die figurative Vision der Welt des Marktes. Und das ist sehr schön, weil wenn du die Perversionen des sozialistischen Realismus siehst, mit ihrer populistischen Vorstellung von der Welt durch die Illustration des Arbeiterdaseins u.s.w. dann wird dir klar, dass es hier ganz ähnlich funktioniert, dass es auch eine populistische Vision von der Welt ist, gebunden an den Markt und den Konsum.
Das heißt, das einzige was die Werbung interessiert, ist dass der Bürger durch den Konsumenten sucht den Dialog zu initiieren. Das ist ein anderes Terrain, eine Andere Welt, als die der Massenmedien. Die Rolle des Künstlers ist u.a. sich die Gewalt in der Gesellschaft vorzunehmen und sie in symbolische Form zu bringen, damit wir sie untersuchen können. Damit hat er eine politische und philosophische Aufgabe. Die Werbung hingegen trägt dazu bei, Gewalt zu schaffen. Sie zeigt keine symbolische Gewalt, sondern die bringt reelle Gewalt hervor. Sie illustriert nur die Gewalt und macht keine Metapher. Das sieht man am Beispiel von Toscani /Benetton. Er nimmt eine vergangene Gewalt, verpackt sie in spektakuläre Form und verstärkt sie dadurch nur noch mehr. Wir erleiden sie dadurch nur noch einmal mehr, ohne sie besser zu verstehen. Toscani illustriert uns eine Gewalt, die wir schon längst kennen und will uns dabei glauben machen, dass er uns etwas lehrt. Das ist stark. Aber er nimmt nicht das Risiko in Kauf, uns etwas zu zeigen, was wir noch nicht wissen. Wenn er uns das Finanzkapital sichtbar machen würde, könnte ich den Hut vor ihm ziehen. Aber das würde er nicht tun. Damit würde er an der Metapher arbeiten, an den Bildern, wobei man verstehen würde, dass man sie nicht versteht. Das könnte unseren Sinn für Kritik herausfordern. Aber Toscani kritisiert man nicht. Du verstehst alles. Aber es treibt nicht zur Kritik.

Ne pas plier

Manchmal löst das zusätzliche Debatten aus...

(P.-C.): Ja aber das sind falsche Debatten. Diese Debatten existieren schon. Und er löst sie in einem spektakulären Modus aus, der den Dialog verrät. Diese Debatten müssten in der Schule stattfinden. wenn wir darauf angewiesen sind, unsere Werte durch die Werbung zu vermitteln, ist das schonmal negativ. Und wenn die Debatte spektakulär ist, dann ist schon alles zu spät. Und dann wird die Debatte nicht in den Straßen und Stadtbezirken weiter geführt, sondern im Fernsehen und in der Zeitung. Diese sind aber auch an die ökonomische Macht gebunden. Nicht sie selbst entscheiden über das Programm, sondern die Finanziers, die dahinter stehen. Und dort ist wieder die Werbung. Warum zeigen sie zum Beispiel erst eine Werbeseite, um dann zu sagen, es sei scheußlich? Weil sie sonst Geld verlieren. Die Perversion besteht darin, Geld zu nehmen von Leuten wie Toscani, und sie dann zu kritisieren. Das ist, als wenn man LePen im Fernsehen zeigt, um ihn dann zu kritisieren. Das ist totale Heuchelei. Ein französischer Historiker sagte mal: »Man redet nicht mit Kannibalen über Küchenrezepte.« Das trifft auf die Werbung von Toscani ebenso wie auf Sendungen mit dem Faschisten LePen zu. Das sind keine Demokraten.
Das Widersprüchliche an der Benettonwerbung ist, dass er nicht sagt, wo seine Kleidung fabriziert wurde. Er sagt nicht, dass es das 14. größte Vermögen in der Welt ist. Er sagt nicht, worin er investiert hat, was die globalen Folgen sind, was die Bank mit seinem Geld macht. Toscani macht die große Debatte aber währenddessen redet man nicht über den Rest.
Was verdienen die Arbeiter in den Fabriken von Benetton? Hat er seinen humanistischen Diskurs auf das Terrain angewendet, wo er die Macht als Kapitalist hat? Oder hält er nur Anderen eine Moralvorlesung, um Sympathie für seine Produkte zu bekommen? Er hat die Macht, zu verändern. Benetton kann die Leute an seinem Gewinn besser beteiligen. Er hat die Mittel dazu. Das ist das eigentliche Problem. Und Toscani spielt dazu den Künstler. Das ist doch totale Scheiße.

Würdest du Massenmedien akzeptieren, könntest du sie benutzen, ohne benutzt zu werden?

(P.-C.): Nein, heutzutage nicht mehr. Nicht in der Weise, wie sie in Frankreich, was ich kenne, benutzt werden. In dem Moment, wo du da mit-

machst, wirst du total benutzt. Wenn du im Fernsehen auftrittst, unter ihren Bedingungen, dann hast du sehr wenig Aussichten deine Person und deine Ideen darzustellen. Weil das Medium Television schon derart kodifiziert ist, dass der Filter, durch den du musst, deine Worte schon transformiert haben, wenn die Anderen dich sehen. Obwohl man sich ein alternatives Fernsehen vorstellen könnte, ebenso wie alternative Plakatflächen. Aber die, die im Moment existieren, sind total verschlüsselt.
Das Problem ist, man muss Verteilungsarten neu erfinden. Man muss aus dem Rahmen, der uns ein Verteilungssystem aufzwingt ausbrechen. Wie auch deine Idee aussieht, wenn du es in 4 x 3 klebst, ist sie dem Kontext einverleibt.

Siehst du ein Problem im Plakat als Medium?

(P.-C.): Die Großformate 4x3 dienen ein bisschen als Dekor für die kapitalistische Idee von der Ware. Und sie sind omnipräsent. Nicht als Plakat selbst sind sie obzessionell aber in ihrer Quantität. Wenn du dir egal welchen Mist von Toscani (Benetton) nimmst und es als kleine Illustration in der Zeitung zeigst, dann ist das sehr dumm. Du würdest nicht einmal sagen, das ist lustig. Wenn du aber denselben Mist in 4x3 zeigst und es überall hinknallst, dann wird es sehr bedeutend.

Foto: Marc Patau

Wenn man sich mit dem Kleben von Plakaten begnügt, wird es dann nicht ebenso ein Medium ohne direkte Antwortmöglichkeit?

(P.-C.): Nein, weil ich glaube, dass die Antwort nicht mechanisch ist. Es ist keine Interaktivität um jeden Preis. Die Antwort unterliegt nicht unbedingt einem direkten Austausch wie im Dialog. Die Antwort kann in allen möglichen Formen erfolgen. Aber das ist nicht unbedingt das Problem. Es ist ein Problem der Qualität der Aussage. Quantität ist in unserer Gesellschaft aber wichtiger geworden als Qualität.

(einzufügene Auslassung) Das Plakat bleibt also noch ein wunderbares Mittel, weil es im Sinne der Produktion ökonomisch ist. Es ist praktisch, um kleine Auflagen zu machen. Alle engagierten Gruppen, die wenig Geld haben, arbeiten noch mit dem Plakat. Es bleibt also ein bedeutendes Werkzeug und hat noch Zukunft. Für mich kann ich sagen, als ich jetzt für die algerischen Frauen gearbeitet habe, dass mir das Plakat erlaubte, eine Debatte zu eröffnen. Mit meinen Mitteln kann ich also eine recht starke Agitation machen.

Das hat aber nichts mit den massenmedialen Plakaten zu tun. Wir müssen endlich aufhören, sie wie die Besessenen, nämlich inflationär, in den Städten zu kleben. Man muss vielleicht andere Orte finden. Sie müssten vielleicht eher an öffentlichen Orten angebracht werden, als in obzessioneller Weise an den Autobahnen. Das führt dazu, noch schneller voranzukommen und noch mehr zu konsumieren, damit es eine Rotation der Lager gibt. Man kann die Gedanken nicht wie eine Ware behandeln. Die Gedanken brauchen Zeit. Sie müssen spazieren gehen können, sie brauchen Sackgassen, sie müssen umdrehen können, zurückkommen. Und je dringender etwas ist, desto mehr braucht es Zeit – paradoxerweise. Ich habe eine Theorie, die sagt: Es ist extrem dringlich, sich Zeit zu nehmen. Und Andererseits: Wenn man wirklich in der Dringlichkeit arbeiten will, muss man sie in die Beständigkeit (Dauerhaftigkeit) einscheiben. Wenn du sie nicht in die Beständigkeit einschreibst, kannst du die Dringlichkeit nicht lösen. Und in der Tat ist die Rolle der Werbeleute nicht, die Dringlichkeit zu meistern, sondern sie künstlich zu provozieren. Und je weniger Kaufkraft da ist, desto mehr bewirkt die Ideologie der Werbung eine Frustration. Daraus entsteht das Unbehagen. Das verdunkelt das Politische durch die Omnipräsenz des Quantitativen. Außerdem besetzt das Plakat 4x3 das Territorium für gesellschaftliche Plakate und Botschaften der Nachbarschaft und der menschlichen Nähe. Darin sieht man, wie das massenmediale Plakat allein durch seine Präsenz negativ ist, was den sozialen Austausch und die Bewusstseinsbildung betrifft. Selbst wenn es keine Dummheiten von sich gibt, verbirgt es doch immernoch die intelligenten Aussagen.

Und Fernsehen?

(P.-C.): Fernsehen könnte ein emanzipatorisches Element sein, wenn es sich vom Kommerz befreien würde. So wie es ist, ist es ein Mittel, um das Gedächtnis auszuradieren. Es belebt nicht die Intelligenz, sondern löscht das Gedächtnis durch Beschleunigung der Geschwindigkeit. Die wirkliche demokratische Macht ist die Zeit. Der Weltkapitalismus hat ein sehr wirksames Instrument: Entweder zwingt er dich sehr schnell vorzutragen, was du zu sagen hast – du nutzt also ab, du kannst niemals ein Argument in so kurzer Zeit entwickeln – oder er bewirkt eine Untersuchung, die derart lang ist, dass es entmutigend ist und dich alle Welt schon wieder vergessen hat. Entweder musst du in dreißig Sekunden reden oder eine Sache machen, die drei Jahre dauert. Du wartest drei Jahre und

»Wer hat Angst vor einer Frau«, diese Frage wurde von Taslima Nasreen, einer Schriftstellerin aus Bangladesh, gestellt. Taslima Nasreen riskiert, wie ihre algerischen Schwestern, durch ihren Mut ihr Leben.

sprichst dann dreißig Sekunden. Das ist der Maßstab des mediativen Kapitalismus.
Wenn du zum Beispiel ein Buch ließt, kannst du zurück gehen. Beim Fernsehen kannst du nicht zurück. Das Fernsehen ist eine Maschine, um den Verstand zu zersetzen. Der kapitalistische Realismus hat nur ein Interesse, die Gedanken zu uniformieren und zu globalisieren. Und dies tut er, indem er sie zuvor beseitigt. Das ist eine Einrichtung, um Autobahnen zu bauen. Aber Autobahnen für das Denken sind nicht von Interesse. Das Denken ist ein Pfad und keine Autobahn. Grafiker machen aber immer mehr Verkehrsschilder für die

Die Medien Wachen – Schlaft – Bürger

Autobahn. Und wenn du dir dessen nicht bewusst bist, ist es das, was man dir als Auftrag gibt: Zeichen zu machen, die sehr direkt sind, die stärker sind als die Anderen in diesem Konkurrenzsystem. Wichtig ist dann, was schön ist und virtuos. Der Inhalt interessiert niemanden mehr. Aber das ist es, was wir teilen müssen, den Sinn. Wir müssen zusammen gegen den Sinnverlust ankämpfen.

Der Grafiker, der sich all dessen Bewusst ist, muss sich also fragen, wie er sich zwischen seiner Kreativität und seinem Gewissen als Bürger einteilt, wie er die Notwendigkeit der Nichtverantwortlichkeit, was seine Suche nach der Form betrifft, und der Notwendigkeit eines gesellschaftlichen Bewusstseins harmonisiert. Und wie er sich darin organisiert. Entweder durch verschiedene Rollen oder gleichzeitig. Dafür gibt es ja kein Rezept. Alles ist erlaubt.

Man muss den Studenten erklären, dass sie nicht dazu da sind Modelle zu reproduzieren. denn selbst wenn es kein passendes Modell gibt, kann man sich eins erfinden. Man muss sich seinen Platz in der Gesellschaft erfinden. Das ist das Mindeste für einen Kreativen, sich seinen Platz erfinden, sein Leben kreieren.

Der französische Philosoph Paul Ricœur sagte mal: »Die Utopie basiert nicht auf nichts. Sie basiert auf dem Gedächtnis der Dinge, die wir noch nicht realisieren konnten.« Wenn wir all die schönen Dinge aus diesem Gedächtnis nehmen, die wir nicht beenden konnten, die wir nicht erreichten, dann haben wir schon gute Ansätze, um Wunderbares zu konstruieren. Man braucht als junger Mensch nicht Angst zu haben. Er ist ja nicht vor der Leere. Er hat die ganze Weltgeschichte hinter sich. Aber die mediative Gesellschaft reinigt uns von diesem Gedächtnis, sie leert uns den Kopf. Man muss dem widerstehen und lernen. Dabei reicht es nicht aus, die Ästhetik zu erlernen, weil wir ohne dieses Gedächtnis von unserer Geschichte getrennt sind. Das Erlernen dieser Geschichte kann uns das Bedürfnis geben, zu kämpfen, weil wir gestärkt werden durch die Anderen. Wenn es aber heißt: »Was werde ich machen? Ich weiß nicht wohin mit mir...« Na klar, das ist eine Katastrophe für einen jungen Menschen. Er ist ratlos. Und er wird sich egal welchem Modell widersetzen, außer dem des Konsums. Das ist dann sehr anziehend. Da gibt es alles.

Was hältst du von Sponsoring?

(P.-C.): Ich glaube es braucht mehr Staat. (Andererseits aber weniger Polizeistaat.) Die Rolle des Staates ist es , Begegnungen zwischen den Menschen zu ermöglichen, Gelder aus öffentlichen Mitteln aufzuwenden, um bestimmte Aktionen zu unterstützen, die notwendigerweise gratis sein müssen und die kein Gewinn machen, wie Kunst und Kultur. Dazu muss eine intelligente Wahl getroffen werden. Doch leider entwickeln sich die dafür Verantwortlichen – die großen Komiker, wie man sagt – immer mehr zu Mäzenen. Anstatt

wissenschaftliche Kommissionen für die Verteilung einzusetzen, sind sie es, die wie die Prinzen über Subventionen aus öffentlichen Mitteln entscheiden. Das ist schonmal eine Perversion. Die Verteilung muss auf demokratischer Basis erfolgen. Das Mäzenatentum aber basiert auf der Vernachlässigung des Staates. Das Mäzenatentum folgt auf dessen Rückzug. Das sind im Grunde Parasiten. Es gibt natürlich wohltätige Geber ohne Forderungen aber das sind die Ausnahmen. Heute ist das Mäzenatentum an Marketingrepräsentationen gebunden. Wenn eine Firma ein Plakat für einen guten Zweck spendiert, gibt das dieser Firma Kredit. In dieser Medien konsumierenden Gesellschaft braucht man zunehmend symbolisches Kapital. Man kauft Benetton nicht vorrangig wegen der speziellen Art zu nähen, sondern weil man dann Humanist ist, wie man jung und modisch ist, wenn man Coca Cola kauft.
Im Grunde bin ich gegen das Mäzenatentum als System aber es liegt letztlich an der Strategie eines jeden Künstlers, wie er damit umgeht. Wenn du zum Beispiel beschließt, mir tausend Franc zu geben – warum nicht? Das muss jeder selbst sehen. Ich werde Niemanden sagen, dass man das Mäzenatentum nicht akzeptieren soll. Doch man muss es mit dem Bewusstsein tun, dass man es aus einer bestimmten Notwendigkeit macht und das es eine Machtbeziehung ist. Aber man muss deshalb nicht seine Ideen verraten. Die Länder, wo es am meisten Mäzenatentum gibt, sind jene, die am wenigsten demokratisch sind.

Wie finanzierst du die Projekte von Ne Pas Plier?

(P.-C.): Das sind größtenteils Selbstfinanzierungen. Meistens ist das Gratisarbeit, die wir tun. Und mittlerweile haben wir auch Subventionen aus öffentlichen Mitteln. Die Éducation Nationale hat uns Geld gegeben. Und für das Projekt des Observatoriums der Stadt haben wir von einer Stiftung Geld bekommen. Das ist eine öffentliche Stiftung. Und zusätzlich bitten wir jedes unserer Mitglieder dreihundert Franc zuzusteuern, wenn es möchte.
Mir hat man oft vorgeworfen, dass ich mich vom Ministerium unterstützen lasse und es gleichzeitig kritisiere. Ich glaube, dass mir das Geld nicht das Recht auf Kritik nimmt.
Ich finde es aber besser, wenn man den Kommerz seiner Kunst organisiert, um sie zu bezahlen, wie Christo zum Beispiel, als zu den Banken zu gehen.

Wie Klaus Staeck auch.

(P.-C.): Ja. Es ist gut, humanistische Postkarten zu machen aber die engagierten Gruppen müssten sie haben. Wenn die Postkarten nur noch für den Grafiker und die Klienten in der Boutique sind, dann ist das nicht mehr so interessant. Es ist interessanter, wenn es mit den Vereinen und Gewerkschaften zusammen gemacht wird. Danach kann man sie verkaufen.

Interview und Übersetzung: H.B.

Kein Platz für Bäume:

Diese Fotos entstanden am 5. August 1985 vorwiegend in der Schönhauser Allee.
Sie gilt als berlinischste der hauptstädtischen Straßen.

Plakat, 1985. Dieses Plakat war 1987 Auslöser für ein über einjähriges Druckverbot für Butzmann und seine Berliner Kollegen.

Manfred Butzmann

Manfred Butzmann schärft den Blick für die Natur, die Heimat und die Traditionen. Mit seinen Bildern tritt er für Erhaltenswertes ein, das oft unbeachtet bleibt, vernachlässigt wird und verwahrlost.
Dabei sind es nicht selten »unscheinbare« Motive, wie Berliner Giebelwände, Mauern und Steine, die zum Nachdenken über Landschaft und deren »menschliches Maß« anregen. Sein Interesse gilt meist seiner nächsten Umgebung. »Butzmann begann seine Ein-Mann-Bürgerbewegung im engsten heimischen Umfeld, der Pankower Parkstraße. Anstelle der durch Abgase oder Vernachlässigung sterbenden Alleebäume bepflanzte er Laternenmasten mit rankendem Efeu. Es mussten nicht Ben Wargins Gingkos oder Beuy's Eichen sein, um Landart zu betreiben. Den Missbrauch ruinierter Villengrundstücke als Garagenbauplatz wehrte er ab mit der Spielplatzeinrichtung und dem Hasenfahnenfest für Kinder und Nachbarn; so wurde Happening sinnerfüllt, Fluxus aktiviert. Durch seine Arbeit wird man sich bewusst, dass jegliches Sinnieren über die großen politischen Zusammenhänge fremd und inhaltlos wirken, wenn man aufhört, sich für seine Ursprünge, für seinen Bezirk oder seinen Nachbarn zu interessieren. Aus diesem Interesse am Regionalen kommt Manfred Butzmann scheinbar selbstverständlich zum politischen Engagement. In ihm leben der poetische Künstler mit seiner »heimlichen Liebe zum Aquarell«, mit seinen Radierungen und Abreibungen und der kritische Grafiker, der sich gegen Verwahrlosung und Ungerechtigkeit immer wieder in die Politik einmischt, harmonisch zusammen. Er ist nicht nur der Eine oder der Andere. Beide Seiten seines künstlerischen Wirkens bedingen und fördern einander.
Durch sein beharrliches Einmischen, Hinterfragen und Aufklären ist Manfred Butzmann in der DDR zu einer wichtigen Instanz geworden. An Druckverboten und politischen Prozessen vorbei hatte er es geschafft, Fragezeichen in die Öffentlichkeit zu bringen und Kritik zu üben, die viele nicht wagten und nicht für möglich hielten. »Butzmann war Künstler in einer Diktatur, die die Klaviatur der Unterdrückung beherrschte und ihn als Störenfried kennzeichnete. Was im Westen als harmlos erschien - was für Geschütze musste Staeck auffahren, immer schwerere, je mehr die Gewöhnung, die Abstumpfung voranschreitet – war im Osten bereits Vaterlandsverrat.« (Eugen Blume, in: »Parallel«, Ausstellungskatalog, Berlin, 1997)
Damit gehörte Manfred Butzmann zu den künstlerischen Repräsentanten der Bürgerbewegung, die sich gegen bürokratische Gängelung, Unmündigkeit und Verlogenheit wandte.
Die Zeiten haben sich geändert. An die Stelle der einen Bürokratie trat eine Andere. An die Stelle von Zensur und Publikationsverbot trat eine alles betäubende Schwämme von Banalitäten. Aus der Hoffnung auf Reisefreiheit ist für viele die Hoffnung auf das Geld für die Reise geworden. Aus der Verwahrlosung der Städte durch Misswirtschaft wurde die Zurichtung der Städte auf private Nutzungsinteressen mit dem Abriss von Kultur und Tradition.

Interview mit Manfred Butzmann

Meinen sie, dass es von vornherein eine Verantwortung für den Grafiker, den künstlerisch arbeitenden Menschen gibt?

M.B.: Ich weiß nicht, »Verantwortung« klingt mir einfach schon zu gewollt. Ich glaube, das mit dem Einmischen hat damit zu tun, dass ich mich wohl fühlen will. Also wenn vor meiner Tür hier so'n Betonmast steht, den ich hässlich finde, den ich aber jeden Tag angucken muss, weil ich den ja nicht absägen kann, dann fällt mir irgendwann ein, den zu begrünen, und das finde ich dann schöner. Aber das ist eigentlich nur, damit ich mich selber darüber nicht ärgere. Also wenn die Sorge nicht automatisch bei der Wohnungstür aufhört, sondern auch das einbezieht, wohin man von der Wohnung aus noch gucken kann, dann ist das manchmal schon viel. Das kann bis zum Nachbargrundstück sein und auf einmal gibt es statt der Garagen einen Kinderspielplatz, weil man sich sonst ewig über die Garagen ärgern würde. Oder wenn da wieder auf dem Nachbargrundstück ein historisches Haus aus der Mitte des neunzehnten Jahrhunderts, so'ne Kapelle abgerissen werden soll … naja, dann versucht man sich da einzumischen, dass sie nicht abgerissen wird. Und auf einmal merkt man, dass man nicht allein ist, dass man nur anzufangen braucht, dann gibt es eine ganze Menge Leute, die da mitmachen. Also »Verantwortung« ist mir zu sehr von dem moralischen Aspekt aus gesehen, das ist mir zu sehr »muss«. Nee, ich will! Und ich will auch das Gefühl haben: an mir liegt es nicht, wenn irgendwas schlechter wird. Vielleicht ist das egoistisch.

Wie kommen sie eigentlich zu Ihren Themen, wenn sie Plakate machen? Und warum greifen sie immer wieder auf das Plakat zurück?

M.B.: Ja aber wenn z.B. die Bäume in der Schönhauser Allee keine Blätter hatten – das war ein Plakat, was ich vor zwölf Jahren gemacht habe, da kann ich nicht eine Radierung machen und darstellen, das die Bäume im August keine Blätter haben. Wenn ich aber ein Foto benutze, wo jeder sieht, alle anderen Bäume haben Blätter aber dazwischen stehen welche, die haben kein einziges, dann wird das Foto zum Dokument und dann geht es eventuell auch unter die Haut. Und da muss ich also das Medium der freien Grafik verlassen und zu einem Foto greifen, weil dem Foto eine gewisse Glaubwürdigkeit zugestanden wird. Noch immer. Ich meine, wenn das ins allgemeine Bewusstsein gedrungen ist, das der Computer mit dem Foto mehr Fälschung ermöglicht als mit jedem anderen Mittel, wird man vielleicht irgendwann der Zeichnung mehr glauben. Doch im Moment glauben die Leute dem Foto noch relativ viel. Ja, und dann ist es zum Plakat ein ganz logischer Schritt, um auf so'ne Missstände hinzuweisen. Mir selbst ist klar, dass ein Plakat gar nicht mehr die Funktion haben kann, wie vor hundert Jahren. Weil jetzt ganz viele andere Medien viel schneller und viel direkter reagieren. Wenn in der Abendschau eine Sendung über ein akutes Problem läuft, werden das mehr Leute sofort begreifen. Aber Plakate bekommen soetwas, wie eine moralische Kategorie. Plakate kann man Jahre nachher immer noch zeigen. Sie gelten als Beweismittel.
Ich merke zum Beispiel, dass mein Plakat, mit der realistischen Darstellung einer MP als Kinderspielzeug im Papierkorb für viele ein Beweis ist, dass man in der DDR etwas gegen die Wiederaufrüstung machen konnte. Das war ein Plakat, was hier möglich war, was hier gedruckt wurde. Und wenn ich das nicht gemacht hätte, dann wäre jetzt nachträglich der Beweis gar nicht so leicht, dass man mit ein bisschen mehr Courage mehr hätte machen können. Das ist vielleicht auch ein Vorwurf an meine Kollegen, die sich immer sagten: »Naja, wer ist denn da der Auftraggeber? Auch das musst du alleine Verantworten. Na, dann mach ich das nicht.« Klar, man musste das alleine verantworten. Man musste es alleine bezahlen und man musste letzten Endes die Konsequenzen auch noch tragen, was ja damals noch ein bisschen schwieriger war, weil man die Gesetze in ihrer Auslegbarkeit nicht so genau kannte – wo die Verleumdung anfängt zum Beispiel.

Der historische Aspekt ist ein wichtiger. Wenn man aber in der Dringlichkeit etwas bewirken will, kann man das mit einem Plakat?

M.B.: Ich glaube, das Plakat hat im Zusammenklang mit anderen Medien eine Funktion. Jetzt nochmal ganz konkret zu dem Grundstück, wo dieses historische Bauwerk abgerissen werden soll und wo die Bäume nicht auf der Naturschutzliste stehen, obwohl die da eigentlich hingehören. Ich sag' vielen Leuten: »Ich mach daraus ein Plakat und euer Name kommt da mit rauf, ihr gebt mir das Geld dafür und dann ist das unser gemeinsamer Protest.« Und allein die Tatsache, dass die vielen

Plakat und Postkarte, 1981

Namen auf dem Plakat sind, bestätigt sie in ihrem Protest. Dann heißt das: »WIR haben etwas gemeinsam getan gegen diese Veränderung, die wir nicht wollen.« Die andere Möglichkeit ist, das Fernsehen kann kommen, die Zeitung kann kommen, aber das Plakat bleibt. Es bleibt als Dokument eines Aufbegehrens erhalten. Das ist ein Moment von Zukunftssicherheit, das man sich sagt, was ich jetzt mache wird in fünf Jahren noch seine Bedeutung haben. Es wird jetzt im Moment nicht alles verändern können, aber es bündelt die Energien. Ich denke einfach, diese Ballung von Namen – und jeder Name steht für was (Volker Braun, Christa Wolf, Jens Reich…), da sind Kunsthistoriker dabei, Journalisten… und ich denke das schüchtert mehr ein, als ein schnelles Medium. Im Fernsehen werden zwei Namen genannt, weil die Sendung für zwanzig nicht reicht. Auf dem Plakat sind alle dreißig Namen drauf. Also im Zusammenklang mit anderen Sachen hat ein Plakat noch eine ganz wichtige Funktion. Ich werde wahrscheinlich keine Sofortreaktionen erreichen, wenn ich mein Plakat an die Häuserwände klebe oder an die Bäume mache. Das werde ich wohl nicht schaffen.

Aber ich habe jetzt ein anderes Plakat gemacht, im Hinblick auf die 1848-iger Revolution in Berlin. Da hab ich einfach nur so'ne Barrikade drauf und darüber steht: »Nicht Vergessen! 18. März 1848 – 18. März 1998«. Es gibt viele, die wollen, dass da mehr passiert, als dass da zwanzig Leute einfach nur einen Kranz niederlegen, die das Bewusstsein haben, dass das eine Sache in der Geschichte war, auf die man stolz sein kann. Da könnte man zum Beispiel den Platz vor dem Brandenburger Tor in den »Platz des 18. März« umbenennen. Und alle kaufen mir so'n Plakat ab und hängen es in ihr Büro. Und da gehe ich davon aus, dass dieses Plakat immer mal einen Blick kriegt und die Leute doch dazu bringt, dass vielleicht wirklich am 18. März ein bisschen mehr passiert als bisher.

Um jetzt nochmal auf die anderen Medien zurückzukommen: haben sie Erfahrungen mit Massenmedien wie Zeitung, Fernsehen und trauen sie sich, diese Medien zu benutzen?

M.B.: Ich hab Angst, dass man da zu schnell missbraucht wird. Denn man hat sie ja nicht allein in der Hand, sondern wird ständig benutzt von Leuten, die damit was machen wollen. Ein Redakteur gibt dir zum Beispiel drei Minuten. Das wird nie reichen, um ein Problem darzustellen. Das ist ein bisschen so wie das Runterbrüllen von Überschriften. Und man wird dazu benutzt. Da traue ich im Grunde genommen dem Rundfunk mehr zu als dem Fernsehen. Rundfunk hat zu manchen Tageszeiten und vor allem auch in bestimmten Sendern eine halbe Stunde Zeit für ein Problem und das gibt dann auch die Möglichkeit, das ziemlich deutlich darzustellen. Außerdem kann eine aufgezeichnete Stimme kaum verändert werden. Sie bleibt in ihrer Nachdenklichkeit, wenn einer nach einem Wort sucht, durchaus erhalten. Wenn es geschrieben ist, steht es absoluter da. Im Rundfunk, eine Originalstimme führt manchmal dazu, wenn der Sprecher nach einem Wort sucht, dass der Hörer mitsucht. Und diese Nachdenklichkeit geht bei den Printmedien verloren. Das spricht auch dafür, dass ich dem Plakat noch traue, Tageszeitungen und dem Fernsehen aber weniger traue.

Ich bekomme den Eindruck, dass bei dem Sich-in-die-Geschichte-Einschreiben das »Jetzt« etwas außen vor bleibt.

M.B.: Na, das stimmt ja nicht ganz. Diese scheinbare Aufklärungsaktion der Zigarettenindustrie, wo da stand, dass coole Kids warten können, war ja

Plakatüberklebung, 1997

eigentlich ein Versuch, ganz geschickt zu sein. Darunter stand natürlich verräterisch: deutsche Zigarettenindustrie, und daraufhin kann man das eventuell anders angucken. Jedenfalls haben wir dann ein Plakat gemacht, wo dann richtig deutlich drauf stand: »Junge Freunde, bitte fangt erst später an zu rauchen, damit ihr länger rauchen könnt.« Und die zwei Zeilen, dass der spätere Beginn eine längere Raucherzeit garantiert und damit Profit sichert für die Industrie. Denn ein Raucher, der nach sieben oder acht Jahren schon ausfällt, ist ja ein Jammer. Wenn er aber ein bisschen später anfängt und genau bis 65 seine Rauchzeit hat und dadurch die Rente gespart wird, ist es natürlich günstiger. Und das hatten wir als Plakat gemacht – es war verrückterweise bei den hundert besten Plakaten dabei – und wir haben genau diese Schrift auch übernommen. Wir haben in so'ner Aktion mal die sogenannten Aufklärungsplakate mit unseren grau gedruckten überklebt. Verrückterweise habe ich jetzt ein Plakat gesehen, da stand dann wirklich einfach drauf: »Ich weiß was ich will. Ich will nicht rauchen.« Das hatte eine Alibifunktion. Also nachdem sie erwischt wurden, mit ihrer scheinbaren Aufklärungsaktion und wir sie dabei aufgestört haben, machen sie jetzt wirklich ein Plakat, ganz selten geklebt, mit dieser Aussage. Es ist natürlich schizophren, wenn da der Herausgeber die Zigarettenindustrie ist. Und ich bilde mir jetzt einfach ein, dass unser Plakat dazu geführt hat, dass sie den Werbegedanken weglassen und wenigstens einmal so tun mussten, als ob sie wirklich aufklären wollten. Das ist doch ein direkter Eingriff. Was will man eigentlich mehr.

Da schließt sich meine Frage an, wie sie solche Projekte finanzieren, die keinen Auftraggeber haben und eine Kritik an gesellschaftlichen Verhältnissen sind. Haben sie schon mal staatliche Hilfe in Anspruch genommen? Sind sie der Meinung, dass der Staat solche Kritik innerhalb der Demokratie unterstützen sollte?

M.B.: Ich hab es noch nie versucht, weil ich ein komisches Gefühl dabei hätte. Wenn ich den Staat kritisiere, muss ich es doch mit eigenen Mitteln machen. Dann muss ich eben mit dem Geld, was ich durch freie Grafik verdiene, das Plakat bezahlen. Wir haben vorhin etwas ausgelassen: ich mache die Plakate auch, damit ich meine Aquarelle machen kann, wo ich das alles nicht reinpacken muss, wo ich mich ganz naiv am Licht freuen kann, was abends scheint. Das kann ich viel andächtiger angucken, wenn ich meine Wut losgeworden bin auf dem anderen Stück Papier, was sich Plakat nennt. Ich nehme das als Einheit. Das ist ein Programm, was zusammen gehört.

Staatliche Gelder haben sie nicht angenommen. Würden sie Sponsoring akzeptieren?

M.B.: Nein. Deshalb frage ich ja einzelne Leute. Wenn da fünfundzwanzig Namen darunter stehen, ist mir das viel lieber, weil ich das als Art von Bürgerinitiative begreife.

Im Gegensatz zu Klaus Staeck, mit dem sie eine Ausstellung zusammen hatten oder jemand wie Rambow oder die Grapus-Gruppe haben sie einen Großteil ihrer Arbeit unter DDR-Verhältnissen gemacht. Gibt es da ganz grobe Unterschiede im Kontext, was ihre Arbeit betrifft zwischen damals und heute?

M.B.: Na ich musste immer eine Art Selbstdisziplin haben. Klaus Staeck konnte seine Prozesse gewinnen, wenn er welche bekam. Ich durfte nie einen kriegen, den hätte ich sowieso verloren. Ich musste immer versuchen, soweit wie es ging, mit einzukalkulieren, was passiert, wenn ich zuweit gehe. Wenn ich zuweit gehe, werde ich rausgeschmissen. Das wollte ich nicht. Und andererseits hatte ich die künstlerische Verpflichtung so gut wie möglich zu sein, weil daraus meine Freiheit erwuchs, anderen gegenüber, die keiner kannte. Wenn ein Unbekannter ein solches Plakat gemacht hatte, hatte er es natürlich viel schwerer als ich, da ich jedes Jahr bei den hundert besten Plakaten dabei war. Da fällt es dann auf, wenn einer weg ist. Und da achtete man im Westen auch drauf. Also ich hatte ein bisschen die Illusion, Klaus Staeck würde mir helfen, wenn ich verhaftet werden würde. Und verrückterweise kann man heute meine und die Plakate von Klaus Staeck nebeneinander hängen und es stört überhaupt nicht, ob die vor zwanzig Jahren in der DDR oder vor zwanzig Jahren in der Bundesrepublik entstanden sind. Da denke ich, da brauche ich mich nicht mehr zu schämen. Und wenn wir in der Ausstellung Deutschlandbilder vertreten sind, dann macht mir das Spaß.

Bei manchen Plakaten sieht man aber den gesellschaftlichen Kontext durchschimmern, wie man den Fabeln zu Königszeiten ansieht, dass da eigentlich eine propagandistische Rede dahinter steht, die nicht möglich war. In dem Sinne sind einige ihrer Plakate doch etwas fabelhaft...

M.B.: Ja, die Leute wussten, was damit angerissen wurde, aber andererseits durfte man das nicht so deutlich sagen, da man damit ein Verbot provoziert hätte. Ich hatte ja auch fast nie eine so konkrete Meinung, ich hatte ja eher eine konkrete Frage. Also ich wusste über manche Sachen auch nicht so genau Bescheid. Es waren dann Fragen, die ich laut gestellt hatte. Das reicht ja schon. Dann sind andere auch bereit, die gleiche Frage zu stellen oder über die Antwort nachzudenken. Es wäre ja lächerlich, immer belehrend aufzutreten.

Gibt es einen Unterschied in der Art, wie die Plakate aufgenommen wurden, früher und heute?

M.B.: Ja. Da alles lauter geworden ist, hat natürlich ein Plakat, wie ich es mache, nicht mehr die Funktion. Früher war das so. Wenn man das im Büro oder an der Wandzeitung angemacht hat und damit ein Thema anriß, was brisant war, dann wurde darüber gesprochen. Es war eine Provokation. Und wenn man wusste, der Chef kommt vorbei und dem wird das nicht gefallen und die Parteileitung nimmt es ab... Also, es war eine Möglichkeit, etwas herauszubekommen über die Gesellschaft. Diese direkte Reaktion fällt heute weg.

Interview: H. Berdurke, Berlin, 1996

Plakat, 1999, Unter Verwendung der »BZ« vom 26. März, Herausgegeben von Ossietzky-Kreis Pankow

Plakat und Postkarte, 1981

Klaus Staeck

Klaus Staeck ist als scharfsinniger Enthüller von sozialen und politischen Konflikten eine verlässliche Instanz der Kritik, mit der man rechnen kann in Deutschland. Ein Partisan der Aufklärung, wie Manfred Butzmann, tritt er mit seinen Plakaten immer dann in die Öffentlichkeit, wenn die Würde des Menschen angetastet wird. Seine Themen sind Meinungsfreiheit, Friedenssicherung, Schutz der Umwelt, soziale Probleme, Kampf gegen Heuchelei und Reaktion. Es geht ihm darum, Denkanstöße zu liefern und ein Problembewusstsein bei den Betrachtern zu fördern.

Seine Bildsprache kann man als moderne Weiterführung der Fotomontagetechnik von Heardfield auffassen. Er verwendet bewusst die brilliante Verführungsästhetik der heutigen Werbebilder, um sie durch ironisierende Texte zu brechen. Somit haben seine Plakate eine zweifache Wirkung. Zum einen wird der Betrachter durch die scheinbare Vertrautheit der Bilder angezogen, und durch den dazu im Widerspruch stehenden Text zum Nachdenken über den Sinn der Aussage animiert, zum anderen vollzieht der Betrachter bei jedem Bild den Prozess des Misstrauen-Lernens.

Staeck selbst betrachtet seine Arbeiten immer als Aufklärung. Beharrlich schult er somit das kritische Denken, das hinter die bunten Bilder der Werbung zu sehen fähig ist. Damit tritt er für den mündigen Bürger ein, indem er ihm ein Mittel in die Hand gibt, »die psychologisch ausgefeilten Bilderlügen« der Massenmedien zu durchschauen. Er versucht mit seinen Plakaten immer auch eine Gegenöffentlichkeit zu den Meinungsmonopolen zu schaffen und dadurch ein Sprachrohr der Schwachen und Sprachlosen zu sein. Er strebt also nicht das Elitäre an, sondern versucht, Kunst für alle zu machen.

Die Litfaßsäulen, Bretterwände und Schaukästen dienten ihm dazu, aus dem zu eng empfundenen Kunstrahmen auszubrechen, ohne den Anspruch auf Kunst aufzugeben. Er betreibt die Gratwanderung zwischen Kunst und Politik. Beides muss ihm aber wichtig bleiben. Zum einen braucht er die Anerkennung als Künstler, um zum Beispiel ausstellen zu können, zum anderen darf seine Arbeit nicht gänzlich im Kunstkontext aufgehen, da »es in der Regel mit der politischen Wirksamkeit vorbei ist, wenn etwas nur noch als Kunst gesehen wird«. Dabei hat er mit der Litfaßsäule ein geeignetes Medium gefunden. »Ich habe die Erfahrung gemacht, dass beim Plakat an der Litfaßsäule der Vorbeigehende eben gerade nicht fragt, ist das Kunst oder ist das keine Kunst, sondern er setzt sich unmittelbar mit dem Inhalt auseinander.« (K.Staeck, »Die Reichen...«, aaO)

Obgleich seine Plakate oft von politischen Gremien genutzt werden, hat er sich jedoch stets gegen Vereinnahmung und Bevormundung verwahrt. Neben seinem Druckerfreund Steidl, lastet daher alle Verantwortung auf ihm. Seine Plakate haben ihm nicht nur Anerkennung, sondern bisher auch einundvierzig Prozesse eingebracht, die er stets, als ausgebildeter Rechtsanwalt, selbst vertrat.

Interview mit Klaus Staeck

Sie haben prinzipiell keine Auftraggeber, sind aber offen für eine Zusammenarbeit mit Gruppen. Wie kann diese Zusammenarbeit aussehen?

K.S.: Die Art wie ich arbeite verträgt keine Auftraggeber, weil Auftraggeber in der Regel auch Gremien sind. Aber Satire durch ein Gremium zu bringen, ist fast unmöglich. Mindestens einer ist immer dabei, der sagt, »das verstehen die Leute nicht« und dadurch alles blockiert. Anders ist es, wenn Anregungen von außen kommen, zum Beispiel von einer Bürgerinitiative. Dann mache ich auch nicht unmittelbar etwas – sonst müsste ich jede Woche zwei Plakate entwerfen – sondern überlege, ob ich nicht schon etwas ähnliches habe. Meistens wollen aber die Leute etwas für ihren ganz speziellen Fall. Also die Bürgerinitiative »X« hat Probleme mit der Müllverbrennungsanlage »Y« in der unmittelbaren Umgebung und sie wollen ein Plakat, das sich auf dieses ganz konkrete Projekt bezieht. Das kann ich nicht leisten. Denn es kommt dazu, dass ich ja alles selbst finanziere. Wenn das Motiv nicht für eine größere Öffentlichkeit interessant ist, kann man fünf Plakate machen und ist dann pleite. Nur Bedarf reicht allerdings auch nicht. Das Thema muss mich interessieren und ich muss einen Zugang dazu haben, vor allem gut informiert sein. Meine Plakate sind ja fast immer in juristischem Grenzland angesiedelt. Da braucht man im Streitfall auch Argumente und Material und muss von der Richtigkeit dessen, was man macht, überzeugt sein.

Es gibt nur ganz wenige Ausnahmen von der Regel »keine Auftragsarbeiten«. So kam es 1990 zu einer Zusammenarbeit mit Greenpeace bei dem Großflächenplakat: »Alle reden vom Klima, wir ruinieren es«. Ein sehr hartes Plakat mit einem persönlichen Angriff auf zwei Personen, die für die FCKW-Herstellung und damit für die Klimaverschlechterung verantwortlich waren. Da brauchte ich mich einmal um nichts kümmern. Greenpeace hat die Druckkosten und die Plakatierung in vielen Städten übernommen. Das hätte ich mir nie leisten können. Es war insofern auch hilfreich, als die Prozesse, die in großer Zahl kamen, gegen Greenpeace liefen. Die sich beleidigt Fühlenden hätten genau so gut auch mich verklagen können.

Es kommt immer wieder vor, dass Leute ein schon vorhandenes Plakat sehen und fragen: »Wie können wir uns das zu Eigen machen? Indem wir zum Beispiel einen Aufdruck hinzufügen oder es noch mal neu drucken, mit einer kleinen Textleiste unten, woraus erkennbar wird, von wem es stammt.« Aber auch das sind Ausnahmen.

Meistens mache ich Arbeiten zu Problemen, von denen ich annehme, dass es nicht nur meine eigenen sind, die auch eine größere Zahl von Menschen interessieren. Und dann warte ich, ob die Leute etwas damit anfangen können oder nicht. Das heißt immer volles Risiko.

Wäre es nicht entlastend, mehr mit größeren Gruppen zusammen zu arbeiten, damit sie dann gerade Verantwortung und Kosten übernehmen und vor allem die Verteilung sichern, indem die Arbeiten dann in die Kanäle der Organisation einfließen und direkte Aktion beliefern?

K.S.: Na klar wäre das besser und es wäre sicher effektiver, keine Frage. Aber meine Erfahrung ging, wenn es auch nur ansatzweise eine Zusammenarbeit war, immer in die Richtung, dass irgendjemand Widerspruch anmeldete. Wie gegenüber einer Werbeagentur wurde dann argumentiert: »Ja, aber

Greenpeace-Demonstration gegen die HOECHST AG in Darmstadt, 1981

das musst du noch zurücknehmen. Da musst du die Farbe ändern. Das versteht keiner. Dieser Slogan, wer kennt den schon?«
Dann beharre ich doch darauf, dass es sich bei meinen Arbeiten um Kunst handelt, während die Außenstehenden in der Regel rein politisch oder tagesaktuell argumentieren. Daraus ergibt sich ein Konflikt. Jedes Mal, wenn ich doch mal wieder einen Ansatz machte, Aufträge zu übernehmen, habe ich das sehr schnell bereut, weil am Ende doch alle Beteiligten unzufrieden waren. Schließlich geht es um den Unterschied zwischen der demokratisch organisierten Politik und der Kunst. In der Politik ist der gute Kompromiss, der möglichst viele Seiten zufrieden stellt, höchste Staatskunst. In der Kunst ist der Kompromiss meist ein Schuss daneben. Das ist für mich auch immer ein Signal gewesen, zwischen Kunst und Politik zu trennen. Ich bin ja jemand, der eine Gratwanderung zwischen Kunst und Politik versucht. Dennoch sollten beide autonom bleiben. Aus der produktiven Reibung kann sich jedoch eine neue Qualität ergeben. Auch deshalb sollten beide Bereiche nicht miteinander vermanscht werden.

Wurden die Plakate für die SPD, »Die Reichen müssen noch reicher werden...« zum Beispiel, mit der Partei zusammen erarbeitet oder ihnen sozusagen nur angeboten? Gab es da eine richtige Zusammenarbeit?

K.S.: Das ist ein klassischer Fall, an dem man mein Verhältnis zur SPD gut erläutern kann. Ich habe für meine Partei, zu der ich stehe – in allen Höhen und Tiefen und mit allen Schwächen und Stärken – nie direkt ein Plakat gemacht, keinen Auftrag ausgeführt. Bei einer Partei, die ein paar hunderttausend Mitglieder hat, ist es noch komplizierter, weil jeder, der Verantwortung trägt, meint, er müsse im Namen aller den Geschmack oder das Einsichtsvermögen möglichst vieler treffen.
Nein, ich wollte auch nie ein Parteigrafiker werden. Das hat mich jedoch nicht davor bewahrt, dann doch gelegentlich als ein solcher denunziert zu werden. Das hat mich allerdings nicht weiter gestört.
Das Plakat »Die Reichen müssen noch reicher werden...« war ja der erste Test überhaupt. Nachdem ich das Dürer-Mutter-Plakat in Nürnberg 1971 im Kunstkontext in die Öffentlichkeit gebracht habe, war anschließend das zweite Experiment, ob der flüchtig schauende Passant auf der Straße so eine

Sozialfall, 1970

Botschaft überhaupt wahrnimmt, ob er sie auch durchschauen kann. Denn Satire ist ja nie leichte Kost. Sie braucht immer den zweiten Blick.
Meine Sachen funktionieren meist wie ein Drei-Komponenten-Kleber: Da ist ein Textelement und ein Bildelement, die nicht deckungsgleich sind, was dem Betrachter zunächst ganz widersprüchlich erscheint. Die dritte Komponente ist schließlich die Montage im Kopf des Betrachters. Das Bild schafft er sich selbst. Er sieht in Wahrheit nur zwei Elemente. Das Neue entsteht erst, wenn der dialek-

Die Reichen, 1972,

Deutsche Arbeiter, 1972

tische Widerspruch, den fast alle meine Plakate enthalten, aufgelöst wird. Diese Leistung muss jeder aber in der Regel selbst erbringen. Deshalb war nicht klar, ob so eine satirische Botschaft für den flüchtigen Betrachter überhaupt zu erschließen ist. Ich habe von dem »Reichen«-Plakat zunächst nur zweihundert Stück drucken und in der Heidelberger Umgebung wild plakatieren lassen. Sofort bekam ich von der CDU meine ersten vier Prozesse in zwei Tagen. Ein Fernsehteam befragte daraufhin den CDU-Geschäftsführer: »Warum gehen sie denn mit dieser juristischen Brachialgewalt gegen einen Referendar (der ich damals war) vor?« Darauf hat er geantwortet: »Wir wollten auch nichts tun. Aber wir mussten etwas unternehmen, als unsere eigenen Leute reihenweise in unser Büro kamen und schimpften: So etwas können wir doch nicht plakatieren!« Die hatten tatsächlich gedacht, es käme von ihrer eigenen Partei, haben es also falsch verstanden, die Satire nicht durchschaut. Hätten sie die Satire erkannt, dann wären sie vielleicht zornig gewesen, hätten aber nie vermutet, das Plakat könnte von der eigenen Partei kommen.

Das ist die Chance der Satire. Sie erweckt zunächst einen Irrtum. Man verstrickt sich darin, um hinter des Rätsels Lösung zu kommen. Das ist der aufklärerische Weg. Deshalb muss jede Satire auf Wahrheit beruhen. Man kann nicht eine offensichtliche Schweinerei als Satire ausgeben. Es gehört immer dazu, dass man sich des Fundaments sicher ist, das satirisch überhöht, übertrieben, verstärkt wird. Deshalb muss die Behauptung, dass sich die Vermögensverhältnisse unter einer CDU-Regierung dramatisch zugunsten der Reichen und zu Lasten der Armen verändert haben, belegt werden können, wenn es hart auf hart kommt. Natürlich bekam ich am Anfang erst einmal einen Schreck – vier Prozesse, Streitwert je 20 000 Mark.

Ging es denn im Prozess um Inhalte?

K.S.: Nein. Es geht fast nie um Inhalte, weil die Kläger die inhaltliche Auseinandersetzung naturgemäß scheuen. Weil ich zu meinen Plakaten relativ schnell den Wahrheitsbeweis antreten kann, geht es immer nur um Formalien, im konkreten Fall um das Namensrecht.

Als ich damals merkte, dass durch den Prozess immerhin ein großer Zuspruch da war, haben wir die Plakate sofort nachgedruckt. Schließlich habe ich als Reaktion auf die Prozesse für ein weiteres Plakat eine Formulierung gesucht, bei der der Name »CDU« nicht mehr auftaucht, das Plakat aber dennoch in die gleiche Richtung zielt, ohne noch einmal in eine mögliche juristische Falle zu laufen. Sprich: Namensrecht. Daraufhin habe ich mir mein bis heute bekanntestes Plakat einfallen lassen: »Deutsche Arbeiter! Die SPD will euch eure Villen im Tessin wegnehmen«. Das war nun noch mal ein Salto mortale rückwärts und in Wahrheit noch schwerer zu verstehen. Professor Imdahl, ein angesehener Kunsthistoriker an der Universität Bochum ist während eines Podiumsgesprächs auf sechs ganz verschiedene legitime Deutungen gekommen. Trotzdem ist es das Plakat mit der bisher höchsten Auflage geworden und ist bis heute mein Erkennungsmerkmal geblieben.

Im gleichen Jahr 1972 kamen noch »Die Mieten müssen steigen. Wählt christdemokratisch«, »Alle Wege führen nach Moskau« und »Juso beißt wehrloses Kind« dazu. Es war gerade Wahlkampf und es hatten sich sehr viele Wählerinitiativen zur Unterstützung der sozialliberalen Koalition gebildet. Das hatte es vorher so nicht gegeben. Sie alle brauchten auch Bilder. Also habe ich kleine Angebots-Zettel gedruckt, die ich überall rumgeschickt habe. Irgendwann habe ich mir die Adressen der SPD-Gliederungen besorgt und auch sie alle angeschrieben. Darauf kamen sehr, sehr viele Bestellungen, weil ich besonders mit den beiden Motiven »Die Reichen...« und »Deutsche Arbeiter!« einen Nerv getroffen hatte und ein Bedürfnis nach Plakaten bestand, die außerhalb der üblichen Parteienwerbung angesiedelt waren.

War das ein Bestandteil der offiziellen Wahlkampagne?

K.S.: Nein. Nicht von der Partei selbst, allenfalls von den einzelnen Untergliederungen. Die mussten ja alles bei mir kaufen. Anderes Material bekamen sie weitgehend umsonst. Wer seinen Wahlkampf anders führen wollte und sagte, diese Bilder sprechen uns mehr an und möglicherweise auch die potentiellen Wähler, mit denen kann man mehr politische Auseinandersetzungen führen, der kaufte dann meine Plakate, teilweise bis zu 100-Stückweise. Der SPD-Landesverband in Baden-Württemberg kaufte sofort 5000 »Arbeiter«-Plakate und plakatierte sie. Das hat es so kaum wieder gegeben. Ein erfreuliches Comeback hatte ich im Februar 2000 mit meinem »Schwarzgeld«-Plakat. Allein die SPD Hessen erwarb auf Anhieb 10 000 Plakate und 40 000 Postkarten.

Warum hat das nicht Schule gemacht? Gab es da Rückkopplungen mit den SPD-Vorständen?

K.S.: Nein. Ehrlich gesagt wollte ich ja nicht, dass ich in die offizielle SPD-Wahlkampfstrategie so eingebaut werde, dass ich eben doch zum Schluss der SPD-Grafiker geworden wäre mit der Folge, dass sie angefangen hätten zu sagen: »Jetzt mach uns doch mal dazu etwas und dazu etwas«. Dann hätte die

Juso beißt wehrloses Kind, 1972

Gefahr bestanden, dass ich meine gewollte künstlerische Position mit dem einen Fuß in der Kunst und dem anderen in der Politik eingebüßt hätte. Ich hatte schon sehr früh die Sorge, diese Balance könnte verloren gehen und ich mich nur noch in der Politik bewege und damit die Chance vergebe, mich in einem nicht genau definierten Zwischenraum, im Niemandsland aufzuhalten, was immer spannender ist als die Eindeutigkeit. Weil aber fast alle die Eindeutigkeit wollen, sind sie sehr misstrauisch gegenüber den nicht eindeutigen Positio-

Uniwersitäten, 1997

Bereuen sie das Vertriebssystem in der Hinsicht auf die Möglichkeit ein großes Verteilungssystem aufrecht zu erhalten, oder funktioniert es so gut, dass sie damit zufrieden sind? Sie verteilen ja letztlich weniger, als über große Strukturen.

K.S.: Natürlich wäre es besser, wenn man ein perfektes Vertriebssystem einer großen Organisation hätte, wie das z.B. bei der Greenpeace-Aktion der Fall war. Das war eine fantastische Sache. Der Vertrieb ist bis heute mein größtes Problem geblieben: Wie stellt man immer wieder Öffentlichkeit her, schließlich hängt auch die Finanzierung davon ab. Großen Einfluss hat auch das jeweilige politische Klima, ob die Leute bereit sind, für ihr künstlerisch- politisches Arbeitsmaterial Geld auszugeben.

Bei größeren Bestellungen kann man natürlich über den Preis reden. Vor kurzem hat der Präsident der FU Berlin hundert Plakate »Ein Volk, das solche Boxer/Fußballer/Tennisspieler/und Rennfahrer hat/kann auf seine Uniwersitäten ruhig verzichten« bestellt. Er hat selbstverständlich die Plakate billiger bekommen. Und wenn eine Juso-Gruppe einige Motive plakatieren will, dann verlange ich nur den Druckpreis. Auch die 10 000 Plakate mit dem Schwarzgeld-Motiv hat der hessische SPD-Landesverband fast zum Druckpreis bekommen.

Aber 'bereuen' kann ich nicht sagen. Ich habe ja die Gefahren am Anfang geschildert, die immer darin bestehen, dass fremde Einflussnahme auf das, was ich künstlerisch-politisch tue, irgendwann nicht mehr zu stoppen ist. Denn oft herrscht der Irrtum, man könne über künstlerische Entscheidungen demokratisch abstimmen. Es geht immer nur um den demokratischen Zugang zur Kunst. Die Kunst selber kann man nicht demokratisieren, soweit es um den Entstehungsprozess geht. Das bleibt die einsame Entscheidung desjenigen, der sie macht, im Unterschied zur Werbeagentur, bei der in der Regel ein ganzes Team daran arbeitet. Die Agenturen erheben keinen künstlerischen Anspruch. Für die ist es ein Handwerk, machen oft auch mehrere Entwürfe. Ein Künstler macht nicht zehn Angebote und sagt: »So nun sucht euch eins aus. Die anderen werfen wir dann weg.« Das kommt sicher auch vor, ist jedoch nicht die Regel.

Aber es gibt nichts ohne Nachteile. Unabhängigkeit hat ihren Preis. Wenn man sich die bewahren will, muss man eben bestimmte Risiken in Kauf nehmen. Leider auch in der Hinsicht, dass sich manchmal die Verbreitung in Grenzen hält. Ich bin natürlich immer auf der Suche nach Partnern, die

nen. Darin liegt aber gleichzeitig eine Chance, weil die Neugierde gefördert wird. Wenn zum Beispiel das »Die Reichen«-Plakat den »SPD-Parteivorstand« als Absender gehabt hätte, wäre die Wirkung nicht so groß gewesen.

Schon aus diesem Grunde habe ich immer meinen Ein-Mann-Wahlkampf geführt, parallel zu den Aktivitäten großer Organisationen. Das hat sich auch bewährt. Wer etwas anderes wollte, der fragte bei mir an. So bin ich auf das Vertriebssystem mit dem STAECKBRIEF gekommen, eine Art Versandkatalog. Jeder kann nach dem Katalog seine Entscheidung treffen. Manche fragen auch, warum es nicht alles umsonst gibt und ich muss dann sagen: »Tut mir leid, ich muss das selbst finanzieren«. Das verstehen die Leute dann auch.

dann, wenn das Plakat da ist, größere Stückzahlen übernehmen und etwas damit machen.
Es kommt aber nicht nur auf die große Zahl an. Bei gut durchdachten Plätzen, die stark frequentiert werden, reichen in einer Stadt oft wenige Plakate. Alles wild zukleben erweckt häufig nur das Misstrauen und den Zorn der Leute.

Wer sind denn die Abnehmer der Plakate? Sind das Gruppen oder eher Privatpersonen? Gehen sie in die politischen Aktionen ein oder enden sie eher in den Büros oder bei den Leuten zu Hause?

K.S.: Ja, das ist eine spannende Frage. Früher ließ sie sich einfacher beantworten. Die oft großen Stückzahlen wurden fast immer von Gruppen abgenommen. Die haben dann entweder selbst plakatiert, das kam sehr oft vor, oder sie haben es ganz gezielt an ihre Untergruppen verteilt. Allgemein gesagt: Abnehmer sind meist jene politisch engagierten Leute, die sich ohne Auftrag einmischen, unabhängig von Alter und Beruf, Leute, die etwas verändern wollen, sich nicht abfinden wollen mit dem Status quo. Die Materialien werden auch relativ häufig erworben, um damit Geld zu verdienen. Die Bürgerinitiative kauft also Plakate in größeren Stückzahlen ein, um sie dann am Infostand wieder zu verkaufen und mit dem erwirtschafteten Geld etwas Neues zu machen.

Stört sie das?

K.S.: Nein, das stört mich überhaupt nicht. Wenn das jemand für seine Arbeit verwenden will, ist das legitim. Es sind auch viele Einzelpersonen. Das merken wir an dem STAECKBRIEF-Versand. Unser größter Gegner ist derzeit die Post, weil sie ständig das Porto erhöht. Wenn jemand ein Plakat bestellt und man das Porto dazurechnet, könnte man es ihm in Wahrheit gleich schenken. Aber man weiß nie, manchmal kann auch ein einzelnes Plakat für etwas wichtig sein. In der Heidelberger Kopfklinik hängt seit längerer Zeit mein Boxer-Plakat an einer wichtigen Durchgangstür. Tausende von Leuten hätten es im Laufe der Zeit nicht gesehen, wenn man das eine Plakat da nicht hingegeben hätte.
Es gibt nicht nur den Streit, der um meine Person ausgetragen wird, sondern auch die Schwierigkeiten, die andere mit meinen Plakaten haben. Da gab es den interessanten Streit, um nur eine Postkarte. Ein Beamter hatte sie in einem Bürgermeisteramt über seinem Schreibtisch angebracht. Er bekam

Frieden, 1982

dann Ärger mit dem Bürgermeister, der sagte: »Bitte nehmen sie das weg, wir sind eine öffentliche Behörde, da können sie nicht ihre privaten politischen Meinungen kundtun.«. Es kam zum Streit bis vor das Arbeitsgericht. Der Beamte hat schließlich die Auseinandersetzung mit der Begründung gewonnen, »die Lufthoheit über seinem Schreibtisch gehöre ihm«. Das ist eine schöne Geschichte aus einem schwierigen Bereich des Arbeitsrechtes. Da hat jemand über eine Postkarte ein Stück Freiheit am Arbeitsplatz auch für andere erkämpft. Das sind dann Sternstunden der Arbeit. Ein Konflikt wurde positiv entschieden und damit ein Stück Meinungsfreiheit erkämpft.
Ich bin jemand, der sich die im Artikel 3 des Grundgesetzes geschützte Meinungsfreiheit zum Beruf gemacht hat. Denn ich bin der Meinung, dass die Grenzen immer wieder neu vermessen werden müssen und man auch bis an die Grenze gehen muss, wenn sie nicht verkümmern soll. Nicht unbedingt die Grenze überschreiten, denn unser Meinungsfreiheitsrecht geht sehr weit. Wer das Gegenteil behauptet, ist nicht informiert. Man kann sehr, sehr viel sagen, was sich gelegentlich auch gegen mich wendet. Wenn ich mich einmal vertei-

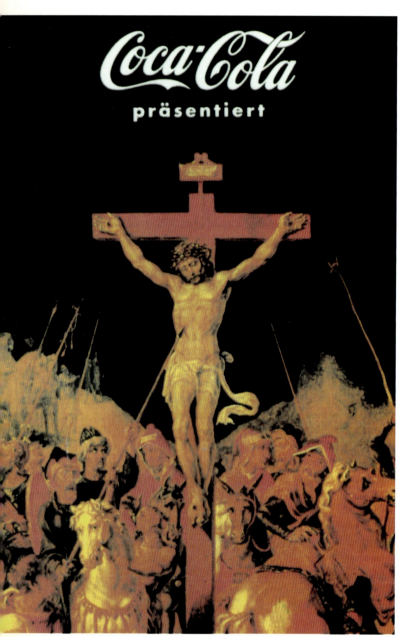

Coca-Cola, 1994

digen möchte gegen all zu ungerechte Angriffe, dann sagen die Richter: »Na, sie sind doch jemand, der einen sehr intensiven Gebrauch von diesem Recht macht. Dann müssen sie sich auch eine intensive Kritik gefallen lassen.«

Was sind denn die größten Hindernisse für ihre Arbeit, von den finanziell und zeitlich aufwendigen Prozessen abgesehen? Sie sagten, bei der Verteilung müssten Alternativen gefunden werden, weil die Post als Hindernis auftritt. Gibt es noch andere Hindernisse oder Gegner?

K.S.: Das größte Hindernis bleiben nach wie vor die alles in allem mangelhaften Vertriebswege. In letzter Zeit ist es auch schwierig geworden, Öffentlichkeit herzustellen, weil sie nach dem Motto funktioniert: »Das hatten wir doch schon.« Es muss dann schon ein Jubiläum, der fünfzigste oder hundertste Prozess sein, mit dem man noch einmal Aufmerksamkeit erregen kann. Es wird stets eine Steigerung erwartet. Die Abstumpfung wird dabei immer größer. Das erlebe ich oft.
Die Frage bleibt: Wie kann man die Sachen unter die Leute bringen, ohne zu viel Zeit darauf zu verwenden. Leider gibt es für meine Plakate außer dem eigenen kaum Vertriebssysteme. Für Verlage gibt es Buchhandlungen – auch immer weniger übrigens. Aber die Postershops führen nur selten diese Art Plakate.

Die wollen nur Dekoratives, nichts Inhaltliches...

K.S.: Jedenfalls nichts, was inhaltlich Anstoß erregen könnte. Das Gleiche gilt für Buchhandlungen. Eine Zeitlang haben wir eine ganze Menge Postkarten über Buchhandlungen vertrieben. Das hat bald aufgehört. Wenn irgendein Kunde sich darüber aufregte und es kam der zweite Kunde, der Anstoß nahm, dann flogen wir wieder aus dem Programm. Deshalb sind wir ja zum Direktvertrieb übergegangen. Das ist zwar mühselig, aber es ist wenigstens ein verlässlicher Vertriebsweg. Wenn ich nur darauf warten würde, dass Buchhandlungen doch mal ein paar Karten bestellen oder besagte Postershops einige Plakate in ihr Programm aufnehmen, dann wäre ich schon längst am Ende. Dieser Direktvertrieb ist aus der Not geboren und macht mich nun allerdings sehr unabhängig. Wenn ich heute eine Idee habe, kann sie von meinem Freund Gerhard Steidl in Göttingen noch in dieser Woche gedruckt und per STAECKBRIEF den etwa 15 000 Empfängern angeboten werden. Das schafft kein Großverlag, weil der zu schwerfällig ist.
Das Reich-Ranicki-Plakat, das wir gemacht haben, war eine Sache von drei Tagen. Ich war unterwegs, habe die Idee entwickelt, am Telefon nach Göttingen durchgegeben. Steidl hat einen Entwurf gemacht, den ich abends im Faxgerät vorfand. Dann wurde am nächsten Morgen mit dem Druck begonnen und am dritten Tage wurden die Plakate verschickt. Das war wirklich eine einmalig schnelle Aktion. Aber

die war auch notwenig.

Es war insofern auch wieder eine Ausnahme, als es ein Plakat zu einem aktuellen Thema war. In der Regel müssen meine Plakate eine größere Halbwertzeit haben, als ein halbes Jahr. Anderes kann ich mir gar nicht leisten. Ich muss immer Themen aufgreifen, von denen ich annehme, dass sie länger virulent sind. Das Deprimierende dabei ist, dass im Augenblick die ältesten Plakate die aktuellsten sind. Zum Beispiel das 1972 entstandene »Reichen«-Plakat oder diverse Kohl-Motive. Das spricht nicht unbedingt für die Politik, die in unserem Lande gemacht wird.

Das Dilemma für die ganze Branche, die so arbeitet, besteht darin, dass selbst die Buchhandlungen, die bis vor kurzem noch kritische Literatur anboten, auch Opfer der Entpolitisierung wurden. Da greift eins ins andere. Das ganze ist ein Netz. Wenn das an einer Stelle reißt, sind viel mehr davon betroffen, als nur eine Buchhandlung. Wenn nur noch »Schmuse«-Karten verlangt werden, nur noch Seichtes begehrt wird, dann überlegt sich der Buchhändler, ob er anderes überhaupt noch ins Programm nimmt, weil er sich sagt: »Die Mehrheit meiner Kunden wird möglicherweise dadurch nur abgeschreckt und ich muss schließlich auch überleben.« Das ist ein Teufelskreis, gegen den wir uns mit unserem Direktvertrieb gewappnet haben. Er ist immer noch die sicherste Bank.

Wie stehen sie zu den Massenmedien? Gibt es die Möglichkeit, sie zu nutzen, haben sie damit Erfahrungen?

K.S.: Es war früher einfacher. Wenn ich etwas Neues hatte, habe ich das Motiv an ein paar Zeitungen geschickt, an Journalisten, die ich mehr oder weniger kannte und es wurde in aller Regel in ihr Blatt gehievt, als Illustration, als Kommentar, als Abbildung. Das kam sehr häufig vor. Heute ist so etwas selten geworden. Weil die Medien, die dafür in Frage kommen, auch eher unpolitischer geworden sind.

Die Medien werden ja auch unpolitischer, weil sie »Rücksicht« nehmen. Das ist ein klarer Fall von Ursache und Wirkung.

K.S.: Ja, das ist ein Wechselspiel. Wenn nur noch unverbindliche Fernsehsendungen angeboten werden, weil man glaubt, die Leute wollen nur noch das haben, dann lässt sich leicht sagen: »Die Leute sehen ja nur noch so etwas«. Ich nehme übrigens alle in die Pflicht, nicht nur die Veranstalter. Wer sich fünf Stunden lang das Lady-Di-Begräbnis anschaut, dann ist das seine Entscheidung. Das hat ihm niemand aufgezwungen. Eine Kultursendung kann es nie auf eine solche Quote bringen. Die Zuschauer sind dort aktiv beteiligt. Ich halte nichts davon, außer ein paar anonymen Verantwortlichen, alle frei zu sprechen. Beteiligt sind in der Regel alle, wenn es kulturell und politisch bergab geht.

Aber alles in allem hatte ich nie die Sorge, dass etwas vom Inhalt verloren gehen könnte, wenn der Inhalt stimmt, wenn der Inhalt diese Sperrigkeit besitzt, die ich versuche, in meinen Plakaten unterzubringen. Bisher habe ich immer einen Weg in die Öffentlichkeit gefunden.

Interview: H. Bedurke, Berlin, 6.9.1997

BP AUSSTELLUNG
CIV 80

täglich von 14 - 17 Uhr | auf drei Etagen Deichtorstraße 47

von Fr. 19.02.99 bis Fr. 26.02.99

Egmont R. Koch »Blinde Passagiere« 1997 30min ZDF Reportage

1997 15min »Jackson« Kurzfilm von Marily Stroux + Jochen Kraus KI/CI

Fotoausstellung von Jackson Andrews + Marily Stroux »Blinde Passagiere«

»Seeleute vor ihren Schiffen im Hamburger Hafen« Gruppenfotos von Markus Kröger + Markus Dorfmüller

»BLINDE PASSAGIERE«

456464960
45646496-36

AG Blinde Passagiere, c/o DOK-Zentrum, Wohlersallee 12, 22767 Hamburg

VERANSTALTUNGEN

Freitag, 19.2.99 um 19 Uhr
Für einen menschlichen Umgang mit Blinden Passagieren/Ausstellungseröffnung Die bundesweite Konferenz »Blinde Passagiere« hat in den letzten Monaten ein Modell für einen menschlichen Umgang mit Blinden Passagieren entwickelt. Dieses wird erstmals der Öffentlichkeit vorgestellt. Eröffnung der Ausstellung mit Empfang und Grußwort des Ausländerbeauftragten der Nordelbischen ev. Landeskirche Bernd Eichhorn.

Samstag, 20.2.99 um 18 Uhr, ab Anleger Vorsetzen, DM 15,-
Hafenrundfahrt »Blinde Passagiere« Aus den Fenstern der Barkasse sieht man dunkle Mauern oder Bordwände, an die Dias projiziert werden. Zusammen mit den Dias und den Erzählungen in der Barkasse entsteht eine Mischung aus Information und sinnlichen Eindrücken über die Erfahrungen Blinder Passagiere. Nach der Rundfahrt (ca. 1,5 Std) besteht die Möglichkeit zum Gespräch in den Ausstellungsräumen.

Montag, 22.2.99 um 20 Uhr
»Deadly voyage«, 1996, engl. OF, 90 min, danach Diskussion mit ehemaligen Stowaways. Der Spielfilm erzählt die Geschichte des Ghanaers Kingsley Ofusu, der 1992 versucht, mit 8 anderen Afrikanern in die USA zu gelangen. Als sie entdeckt werden, überlebt nur Kingsley den Mord der Stowaways. Er kam in Frankreich das Schiff zu verlassen. Dies führt zu einem Prozeß, an dessen Ende die hohe Haftstrafen für Kapitän und Offiziere stehen.

Mittwoch, 24.2.99 um 17.30 Uhr
Videofilme zum Thema Blinde Passagiere Wir zeigen eine Stunde Filme: Fernsehreportagen, Film von der documenta 8, Kinderfilme etc. Im Anschluß gibt es die Möglichkeit zur Diskussion.

Freitag, 26.2.99 um 19 Uhr
Es ist leichter in den Himmel zu kommen als nach Europa Dias und Erzählungen aus dem Buch »Blinde Passagiere«. Mit einem Diavortrag erzählen die Autoren die Geschichte von 9 Liberianern, die 1996 als Blinde Passagiere nach Hamburg kamen. Gleichzeitig stellen sie ihr im April letzten Jahres erschienenes Buch vor und erklären die wichtigsten Regelungen, die Blinde Passagiere und Schiffsbesatzungen belasten.

Ausstellungsplakat und Flyer/1999

Linke Hände

Die Linken Hände sind ein Grafik-Büro in Hamburg, bestehend aus vier GrafikerInnen und zwei Fotografen (Marcus Spiegel, Tanja van de Loo, Ute Zimmermann, Ulrike Sommer, Markus Dorfmüller und Markus Kröger). In dieser Form gibt es sie seit 1997. Sie gestalten für Initiativen, Dienstleister, Einzelpersonen und Gruppen im Bereich Kultur, Politik und Soziales.

Interview Linke Hände

Seid ihr ein Kollektiv?

L.H.: Ich finde, die Frage ist ganz einfach mit »nein« zu beantworten. Wir haben eine gemeinsame Geschichte, wir arbeiten zusammen in einem Büro und das nicht weil wir müssen, sondern weil wir wollen, aber wir sind kein klassisches Kollektiv. Wir haben keine gemeinsamen Treffen und viele Entscheidungen treffen wir jeder für sich. Die die wir gemeinsam treffen, ergeben sich aus Zusammenarbeit oder weil man gerade zusammen Kaffee getrunken hat. Es gibt diesen Kollektivanspruch also so nicht. Es gibt eher so Subansprüche, die unterschwellig sind, aber nicht ausgesprochen werden.
Wichtig an der Entstehung ist, dass wir alle in der alten Druckgruppe der Roten Flora gearbeitet haben. Aber wir machen überhaupt nicht mehr das, was wir damals gemacht haben. Es gibt da einen ganz klaren Schnitt. Ich persönlich mache heute z.B. keine politischen Plakate mehr, obwohl ich mal ziemlich viele gemacht habe. Ich mache auch momentan keine politische Arbeit mehr. Ich fotografiere zum Großteil Häuser und mache andere fotografische Projekte, die nicht bezahlt sind. Insgesamt erkenne ich da einen Mangel, dem ich aber im Moment nicht abhelfen kann. Ich habe das Gefühl, man ist im Moment auf dieser Schiene, die heißt Geld verdienen und sich in dem, was man macht, sicherer werden. Das hat ganz viel damit zu tun, sich in diesem kapitalistischen Markt zu orientieren.

Für mich ist die Perspektive, sicherer auf den Beinen zu werden, um auch wieder etwas anderes machen zu können. Die Gefahr an diesem Vorhaben ist natürlich, viel - oder auch nicht so viel – Geld zu verdienen und trotzdem nichts anderes mehr zu machen. Ich komme aber im Moment aus diesem Dilemma nicht heraus. Es läßt sich nicht theoretisch lösen. Es löst sich Tag für Tag – oder auch nicht jedenfalls nur dann, wenn man es immer wieder hinterfragt.

Und ganz praktisch gesprochen sind wir ja eine Bürogemeinschaft, also jede/r ist FreiberuflerIn. Zusammen sind wir eben die Bürogemeinschaft Linke Hände. Wenn wir Aufträge kriegen oder Gruppen an uns herantreten sind wir nicht nur an der Gestaltug interessiert, sondern eigentlich auch an Diskussion...
Viele müssten erstmal einen internen Klärungsprozess führen, damit sie wissen, was für eine Form sie eigentlich haben wollen. Es passiert uns oft, dass wir verschiedene Entwürfe für ein Briefpapier hinlegen und die Gruppen das für ihren Selbstfindungsprozess nutzen, also die Form als Anlass nehmen, Inhalte zu klären.
Diese Form, bzw. Außenwirkung ist natürlich sehr eng mit den Inhalten verknüpft, d.h. mit dem was die Gruppe transportieren und wen sie erreichen will.

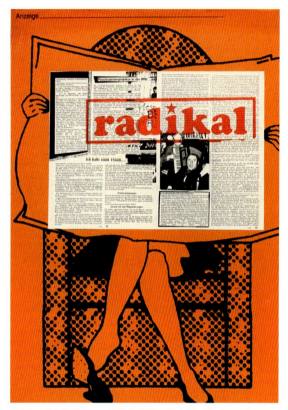 

Plakat zur Kriminalisierung der Zeitschrift radikal, Druck&Propaganda   Monatsplakat Rote Flora, Druck&Propaganda

Es ist eine Gratwanderung: die Leute kommen zu uns, um eine Form geregelt zu bekommen und um etwas für ihren Außeneindruck zu tun und man ist auf einmal Teil des Projekts und muß sich reindenken...

Zu uns kommen oft kleine Grüppchen, die sich richtiggehend durchgerungen haben, sich etwas anfertigen zu lassen, weil sie es einfach nicht selber machen können. Diese Gruppen haben dann auch meistens kaum Geld. Wenn wir ihnen anbieten, noch viel mehr zu machen, dann steckt für uns immer die Frage dahinter, ob wir das umsonst tun, weil wir ihre Arbeit gut finden, eben nicht, weil die finanzielle Seite eine Schwierigkeit darstellt. Es geht dabei auch um die Bereitschaft der Gruppe, in eine Diskussion einzusteigen. Es gab schon einige Komplikationen, Fälle, bei denen es nervig wurde, wo du dir dann aber sagst, ich verdiene damit auch mein Geld.

Ich finde den Begriff des Kunden als Komplizen super, weil er eine gute Umschreibung ist für das, was ich mir wünsche, weil es mein eigenes Dilemma klären würde, mit jemandem zusammenzuarbeiten und dafür Geld zu bekommen. Angesichts der Erfahrungen, die wir im letzten halben Jahr mit Gruppen oder Kunden gemacht haben, würde ich sagen, dass es unglaublich schwierig ist, mit Leuten eine Komplizenschaft einzugehen, z.B. rein praktisch, weil man sich nicht kennt, sich also kennenlernt und in derselben Zeit sehr effizient zusammenarbeiten muss – nicht zuletzt, weil es um bezahlte Zeit/Aufträge geht. Unser Klientel gehört oft auch zum linken bis linksalternativen Spektrum. Der erste Schritt ist bei vielen, hierherzukommen und eine Dienstleistung in Anspruch zu nehmen. Dann besteht schon mal eine Ebene, wo man vorschlagen kann, eine andere Variante zu wählen und »richtig« zusammenzuarbeiten, bzw. eine Art Komplizenschaft einzugehen. Das heißt aber, wir wollen Einfluß nehmen und mitreden. Die Gruppe partizipiert an unserem Know-How, und uns interessiert deren Projekt. Das ist teilweise schwierig, hat aber auch seinen Reiz.

Oft stellt sich heraus, dass die Zusammenarbeit von der anderen Seite nicht gewünscht ist. Die Gestalter sollen doch bitte beim Gestalten bleiben und nicht über Texte reden.

Wie wird eure Kompetenz wahrgenommen? Bezeichnest du dich als Grafikerin und machst Grafik oder bezeichnest du dich als Gestalterin und sagst damit vielleicht aber auch etwas anderes?

Monatsplakat Rote Flora, Druck&Propaganda

Ich nehme es so wahr, dass es sehr darauf ankommt, was die Leute erwarten und ob man sie in ihrer Erwartung dann bestätigt oder ob man ihnen sagen kann, wir machen auch andere Sachen und sie das akzeptieren.

Unser Part soll sein zu gestalten, ich muß dann aber erstmal zurückfragen »was denn?« Zur Debatte steht dann, mische ich mich ein oder mache ich den Kunden glücklich, indem ich tatsächlich das zu Papier bringe, was er möchte und evtl. im Beisein von vier Leuten Sachen auf dem Bildschirm hin- und herschiebe.

Was passiert, wenn man mit Kunden am Computer sitzt, am Bildschirm hin- und herschiebt und dann Sachen produziert, die einem selber nicht so zusagen. Wo geht man da über seine Grenzen?

Ich denke, das ist schon der letzte Schritt, wenn nach einigen gescheiterten Lösungsversuchen nur noch diese letzte Möglichkeit besteht.

Viele Gruppen, mit denen wir arbeiten, wollen Selbstverwirklichungsgeschichten. Manchmal sollte man sie auffordern, es selbst zu machen. Das wäre viel besser, denn eigentlich wollen sie nichts anderes, als das, was in ihrem Kopf ist oder wollen es nur deshalb, weil bspw. der Markt ihnen sagt, die Zeitung ist mit diesem Layout nicht zu verkaufen.

Für Extrembeispiele gilt das sicher. Aber ich würde schon sagen, es ist unser Job, mit den Leuten das unklare Geröll, das in ihrem Kopf sitzt, herauszukitzeln und dafür eine visuelle Umsetzung zu finden.

Was wollt ihr mit eurer Arbeit erreichen oder kommunizieren? Habt ihr klar zu sagen, wir wollen nicht nur reine Dienstleistung betreiben, sondern wir wollen mehr, und das bieten wir an?

Großes Stichwort: Kommunikationsdesign. Kommunikation(sdesign) beinhaltet auch Grafikdesign. Das heißt, es geht um Kommunikation, es muss etwas kommuniziert werden. Wir müssen von unseren Kunden wissen, was sie kommunizieren wollen, was wir also grafisch umsetzen sollen. Das beinhaltet natürlich auch Differenzen, was die einzelnen Arbeitsbe-

Plakat: Benefiz für eine lesbisch-schwule Gehörlosen Gruppe der Roten Flora

reiche angeht, aber ich würde sagen, das ist erstmal das Arbeitsfeld – also nicht Grafik, sondern visuelle Kommunikation.

Ich denke, dass wir als Gruppe da gerade an einem Knackpunkt sind, es gibt bestimmte Differenzen, wo sich die Frage stellt, ob wir sie zusammen lösen können oder nicht.
Wie schätzt man z.B. die Arbeit ein, die wir hier im Büro machen? Wo können wir Kompromisse schließen und wo nicht? Wo sagen wir z.B. das machen wir, weil es gut bezahlt ist, uns eine finanzielle Grundlage schafft? Damit können wir uns andere Freiräume erarbeiten, sei es dass wir hier weniger arbeiten, sei es, dass wir Projekte machen können, die wir sinnvoll finden.
Auf der anderen Seite steht die Frage, in welche Richtung wir wollen und ob wir jeden Mist machen, der hier ankommt oder ob es für uns eine Grenze gibt, wo wir sagen, das machen wir auf keinen Fall.
Wir kennen uns zwar alle schon lange, aber die konkrete Zusammenarbeit im Büro ist zwischen den einzelnen unterschiedlich lang. Manche haben z.B. schon früh davon gelebt, andere erst seit kurzem. Viel ist einfach so entstanden und jetzt geht es darum, das ganze klarer zu fassen, dem eine Form zu geben.

Es existiert keine Selbstdarstellung in diesem Sinne von uns, die über direkte Anfragen, die hier ankommen, hinausgehen.

Bisher war es auch nicht »nötig«, eine komplette Außendarstellung von uns zu machen. Das ändert sich natürlich dann, wenn wir uns fragen, ob wir das weiterhin so handhaben wollen oder ob wir selbst auch an Projekte herantreten, weil wir die gut finden. Dann mußt du natürlich auch klar haben, was du kannst, und warum du dir einbildest, an die herantreten zu können.

Was hat sich durch eure Entscheidung, vom politischen Engagement hin zur Professionalisierung, an eurem Verhältnis zu Grafik verändert?

In der Roten Flora haben wir ja mit dem Konzept der offenen Werkstatt gearbeitet. Die Ausgangsüberlegung war, dass wir als Siebdruckkollektiv »Druck und Propaganda« Teil eines solchen Projekts sein wollen, weil dort etwas passiert. Gerade als Gruppe, die Plakate macht, bekommst du dort natürlich permanent Input, bzw. es kommen Sachen rein, weil du eben in diesem Projekt drin bist.
Das hat sich jetzt formal verschoben. Wir sitzen hier als Büro im »Werkhof«, was so ein alternativer Gewerbehof ist. Man könnte auch hier sagen, dass wir Teil eines Projekts sind, wo auch erwartet wird, dass man sich an Nutzerversammlungen beteiligt. Aber natürlich ist das nicht mit der Flora vergleichbar, es laufen keine projektinternen Diskurse. Es geht hier eher um technische Fragen.
Abgesehen von wenigen Ausnahmen, macht niemand hier noch politische Projekte, so wie damals in der Flora. Dafür gibt es natürlich viele Gründe: die Situation der Linken im allgemeinen und besonderen, das Alter, aber nicht zuletzt auch, dass man heutzutage ziemlich viel arbeiten muß, um ein Auskommen zu haben, wenn man keine Studentin mehr ist. Insofern haben sich da die Ausgangsbedingungen geändert. Und das wiederum hat auch Auswirkung auf die Gestaltung. Wir machen z.B. keine trendy Gestaltung und in dieser linksalternativen Nische, in der wir uns befinden, kommt das auch ganz gut an – weil wir deswegen auch günstiger produzieren können. Wir haben immer noch diese Siebdruck-Ästhetik drauf und machen keine super aufwendige Grafik. Trotzdem ist es so, dass viele Sachen, die wir machen, gefälliger

geworden sind, weil wir natürlich auch Kompromisse eingehen müssen. Der Grund dafür ist nicht, dass die Kunden so soft sind, sondern das wir es mit einem anderen Gegenüber zu tun haben. In der Druckgruppe der Flora war das so, dass wir uns nur gruppenintern einigen mußten, d.h. die Gestaltung war viel kompromißloser.

In der Druckgruppe der Flora ging es mir darum, politische Arbeit mit einer Praxis zu verbinden. Siebdruck war diese Praxis, die damals nichts mit Geld verdienen zu tun hatte.

Das andere ist, wie Linke Hände angefangen hat. Anfangs ging es darum, irgendwie gemeinsam einen Raum zu bekommen, in dem wir arbeiten konnten. Dann kam für mich die Idee, mit Linke Hände, d.h. mit Leuten, die ich mochte, zusammen Geld zu verdienen. Klar war auch, dass ich das möglichst in einem Bereich machen will, den ich interessant finde und das ist eher der kulturpolitische Bereich.

Der Unterschied ist, dass ich das eine wegen der Politik angefangen habe und das andere wegen des Geldes. Natürlich suche ich mir die Bedingungen hier weitgehend aus, unter denen ich das tue, aber trotzdem sind das zwei völlig verschiedene Ansätze.

Ich hatte nach meinem Studium auf so einer Privatschule überhaupt keine Lust auf das, wofür ich da ausgebildet wurde, nämlich als Praktikantin in irgendeiner Agentur anzufangen. Gleichzeitig hatte ich auch anfangs eine starke Kritik an diesem Büro hier. Ich fand es absurd, sich so abzuarbeiten für so wenig Geld, sich sozusagen selbst auszubeuten.

Dann dachte ich eher in so eine Richtung, dass das auf der einen Seite meine Freunde sind, und wir uns auf der anderen Seite, gerade was Gestaltung angeht, schon so lange und so viel zusammen erarbeitet haben. Dazu kam, dass ich nach meiner Ausbildung an einem Punkt war, wo viele Leute aus meinem Umfeld aufgehört haben, aktiv Politik zu machen, d.h. viele soziale Bezüge fielen auseinander.

Vor diesem Hintergrund war diese Chance, hier einsteigen zu können, natürlich auch ein großes Glück.

Es gibt ja jetzt seit zwei Jahren eine neue Druckgruppe in der Flora. Wie fühlt sich das für euch an, wenn andere Leute jetzt das machen, was ihr früher jahrelang gemacht habt, auch vor dem Hintergrund eurer eigenen Unsicherheit bezüglich politisch/sozial engagierter Grafik?

Man muss das auch geschichtlich sehen. Wir hatten uns irgendwann totgelaufen. In der Flora und in der

Schaufenster Dekoelement
für die Kaffee-Kampange El-Salvador

Plakat für das Frauenmusikzentrum in Hamburg

linken Szene allgemein hatten wir einen ziemlich guten Ruf, aber waren mit unserer eigenen Arbeit nicht mehr zufrieden. Wir wollten raus aus der Flora, aber auch, dass die Druckerei weiter betrieben wird, d.h. wir mussten Leute suchen, die das machen wollen. Während unserer Suche haben wir uns praktisch aufgelöst. Irgendwann war dann diese neue Gruppe da, und wir haben das ganze einfach übergeben.

Faltblatt für das »4. Hamburger Mädchenspektakel«

Im Nachhinein betrachtet, ist das alles super gelaufen. Man könnte sagen, wir haben da was angefangen, was die neue Gruppe als ihr eigenes Ding fortsetzt. Das ist eine große Gruppe und sie gehen total in ihrer Arbeit auf. Das finde ich echt klasse.

Etwas anderes wäre es natürlich gewesen, wenn nach einem Jahr oder so, niemand in der Flora gedruckt hätte. Jetzt ist es so, dass obwohl wir uns aufgelöst haben, die Idee sozusagen weiterlebt. Andernfalls wäre der Bruch noch viel härter gewesen, wenn neben dem Scherbenhaufen der alten Druckgruppe auch die Druckerei in der Flora draufgegangen wäre. Nun passiert da aber noch ganz viel und insgesamt bleibt jetzt ein ganz gutes Gefühl, so als ob etwas weiterlebt, was Teil von einem selbst ist.

Etwas anderes ist das mit dem politischen Ort, bzw. dass man selbst keinen mehr hat. Das fühlt sich total beschissen an. Gerade in der letzten Zeit hat es mich total gestört, dass wir keine eindeutigen Positionen haben. Wenn ich z.B. diese Plakataktion der NGBK nehme, fällt mir auf, dass wir zwar den ganzen Tag arbeiten, aber was sollen wir zu Arbeit sagen? Welche Positionen soll ich denn vertreten, wenn ich mich nicht auf sozialdemokratische oder neoliberale Argumentationen einlassen will? Das heißt jetzt nicht, dass wir keine Diskussionen haben, aber die Härte fehlt irgendwie. Das finde ich echt Scheiße.

Ein »Problem« dieses Büros ist natürlich, dass es auf Erwerbsarbeit basiert und dann steht man u.U. vor dem Problem, nicht mehr das zu drucken, was man eigentlich selbst sagen will.

Als der Kosovo-Krieg angefangen hat, dachten wir alle, dass wir was dazu machen müssen. Nur waren wir eben gerade dabei, einen Hundefutterkatalog zu machen. Der mußte fertig werden und es wurde zum totalen Albtraum: plötzlich Verpflichtungen, die uns zwangen den Job an die erste Stelle zu setzen. Das Ergebnis war ein Flyer zum Krieg in Nachtschicht zwischen Hundefutterkatalogseiten...
Wenn, dann würde ich mit den Leuten aus dem Büro Politik machen – nicht zuletzt wegen unserer langen gemeinsamen Geschichte.
Insofern begreife ich uns schon als kontinuierliche Gruppe, nur die Gewichtung hat sich geändert.
Hier tut das natürlich noch mal mehr weh. Wenn ich im Angestelltenverhältnis arbeiten würde, fiele es mir wahrscheinlich auch mal leichter, ein, zwei Tage sausen zu lassen. Aber hier bin ich in einer ganz anderen Verantwortung für das Büro. Wenn z.B. alle auf eine Demo gehen wollen, ist hier dicht, und das geht nicht.

Programmfaltblatt für Frauenkulturhaus Hamburg

Worüber ich häufig nachdenke ist, was es im Gegensatz dazu heißt, im Angestelltenverhältnis zu arbeiten. Die ketzerische Frage wäre, ob die eigene politische Identität, die sich stark über diese Druckgruppe definierte, es zugelassen hätte, sich auf so ein Angestelltenverhältnis einzulassen– eben auch mit dieser Freiheit, mal blau machen zu können.

Hier arbeiten wir zwar bis zu 60 Stunden die Woche und haben keine geregelte Arbeitszeit in dem Sinne. Auf der anderen Seite sind wir aber nur uns selbst verantwortlich.

Die Frage ist, inwieweit bestimmt das »Sein das Bewusstsein«, d.h. macht das was mit uns, wie und was wir hier arbeiten. Dazu habe ich noch keine befriedigende Antwort gefunden.

Interview: Birgit Krug, Ralf Mueller v.d. Haegen und Sandy K., Hamburg 19.1.2000

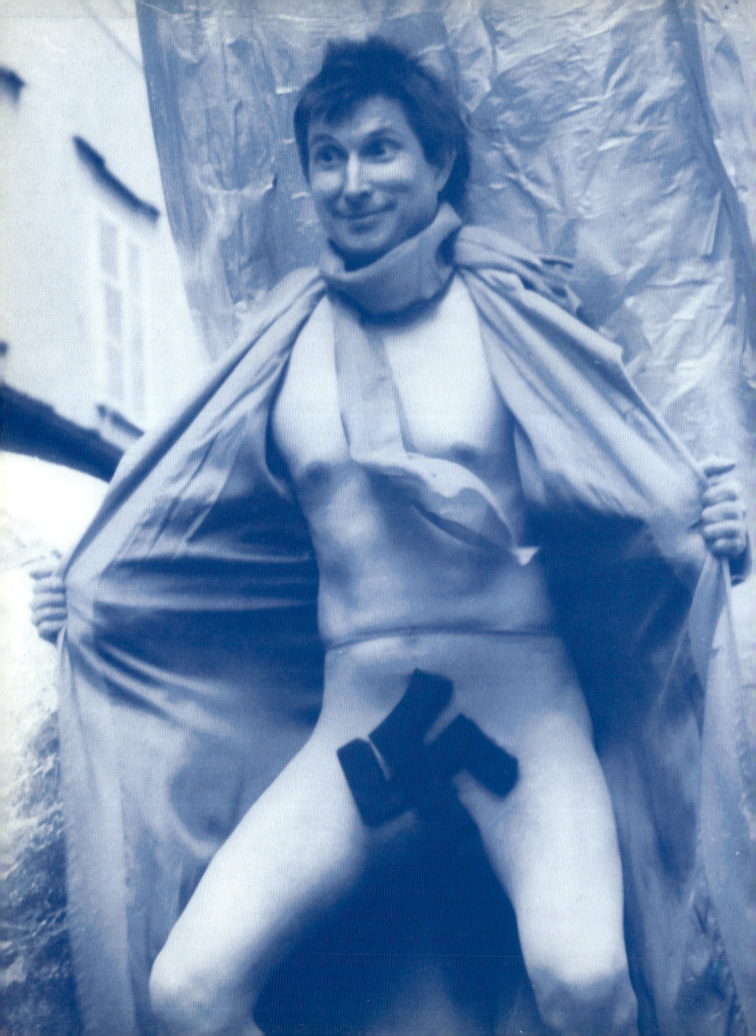

Anti-Haider-Aktion, Workshop, Salzburg 1991

FDGÖ/Büro für ungewöhnliche Maßnamen

FDGÖ (Foto Design, Grafik, Öffentlichkeitsarbeit) wurde 1977 in Berlin von KünstlerInnen, GrafikerInnen, Autodidakten und Professionellen gegründet. Zu den ständigen Mitgliedern gehörten Kurt Jotter (Grafiker, Publizist, Theaterwissenschaftler), Barbara Petersen (Politik- und Kunstwissenschaftlerin). Neben Babara Petersen und Kurt Jotter waren langjährige MitarbeiterInnen des »Büro«: Josef Krafczyk, Elke Hollmann, Trixi Frings, Romi Morana, Marion Ibrahini, Rainer Sauter, und Rolf Lorenz. »Die Gruppe erstellte in wechselnder Besetzung und jeweils themenabhängiger Zusammenarbeit mit sich »assoziierenden« KünstlerInnen politische Plakate, Fotomontagen, Postkarten, Sticker, gestaltete Transparente, Objekte, etc.«

Dabei kamen ihre Aufträge vorrangig aus der linksalternativen Szene. Ihre Arbeiten siedelten sich in der Grauzone von Kunst und Politik an. Aus dem Unbehagen an der »Phantasielosigkeit, ja Verbissenheit, mit der politische Inhalte nur zu oft letztlich der Wirkungslosigkeit übereignet werden« (taz 21.10.1987) sollte diese Vermittlung zuerst durch Ironie und Kreativität, vor allem aber mit einem kräftigen Lachen entstehen. »Wer eine Gesellschaft will, die geprägt ist von Phantasie, Kreativität und Lebenslust, der sollte sie auch genau damit erkämpfen.« (taz 21.10.1987) »Phantasie als Motor für Kritik und Veränderung, das ist der Kern des Büro für ungewöhnliche Maßnahmen.« (zur künstlerischen Konzeption des BfM, Jotter, 8/87)

Aus der positiven Erfahrung der FDGÖ-Arbeit (besonders »Berlin wird helle« und »Errichtung des Antikreuzberger Schutzwalls«) gründete sich im September 1987 das Büro für ungewöhnliche Maßnahmen mit konzeptionellem Schwerpunkt auf politischer Aktionskunst und »Realmontage« im öffentlichen Raum. »Das Büro für ungewöhnliche Maßnahmen versteht sich als überparteiliche Vereinigung, die im Zusammenwirken verschiedener Kunstdisziplinen wichtige soziale Themen aufgreift und Aspekte beleuchtet, die sonst in der gesellschaftlichen Diskussion untergehen würden.«

Deutlich wird in ihrer Arbeit, dass der inhaltliche Gegenstand immer die künstlerischen Mittel bestimmte. Das bedeutet oft eine Auseinandersetzung mit wechselnden und neu zu erprobenden Medien. Das Spektrum reicht hierbei von Plakaten und Transparenten bis hin zu Video-Theater-Installationen und Medien-Skulpturen, Aktionskunst im öffentlichen Raum.

Das zentrale Werkzeug und (gleichzeitig) das angestrebte Ziel ist bei dieser »Vermittlung« von Politik der Dialog. Die offene und öffentliche Auseinandersetzung mit der jeweiligen Problematik durchzieht sich von der kollektiven Erarbeitung über gezielte Aufrufe an die Bevölkerung und Pressemitteilungen über die bewusste Einbeziehung von Passanten oder gar Repräsentanten der Staatsgewalt bis hin zur Provokation/Erzwingung einer Resonanz bei den angesprochenen/kritisierten Verantwortlichen des jeweiligen Übels – oft ganz bewusst auf der unmittelbaren Grenzlinie des juristisch noch »Erlaubten«. Nicht zuletzt wird durch die spektakuläre Aktion ein hoher »Nachrichtenwert« angestrebt, so dass sich der Dialog über zahlreiche Medienbeiträge aus dem relativ begrenzten Kreis der direkt Beteiligten in eine breitere Öffentlichkeit weiterverpflanzt.

HausbesetzerInnen Großdemonstration mit FDGÖ Transparent

Damit bedient sich das Büro erfolgreich der grundlegenden Strategien zur Herstellung von Gegenöffentlichkeit.
Dass die Zusammenarbeit Schwerpunkt der Arbeit des Büros ist, geht u.a. aus der Erklärung zur künstlerischen Konzeption des Büros für ungewöhnliche Maßnahmen hervor. Sie wollen »keinen elitären Kunstbegriff pflegen, sondern bewusst mit der Kreativität, die in allen Menschen steckt, operieren. Es (das Büro) will einen Anlaufpunkt bilden für Ideen und Erfahrungen, eigenständig Aktionen entwerfen und mit Anderen zusammen realisieren; sowie Andere bei der Realisierung ihrer Ideen unterstützen«. (Jotter, 8/87, zur künstlerischen Konzeption des Büro für ungewöhnliche Maßnahmen)
Dabei wird die Arbeit von einem kleinen Kreis geleitet und in »Maßnahmen-Plenas« unter Mitgestaltung aller Interessierten realisiert. Die bewusste Einbeziehung der Kreativität aller zielt u.a. darauf ab, dass die vom Büro gestalteten oder unterstützten Aktionen außerhalb der Gruppe, in anderen Situationen nachgeahmt oder weiterentwickelt werden, auf dass sich eine »phantasievolle Militanz« in der politischen Kultur durchsetzt. »Diese darf nicht nur einigen Spezialisten vorbehalten sein.« (Das Lachen im Halse/siehe Faksimile am Ende des Beitrages)
Die Arbeit des Büros liegt also zur Zeit auf Eis.
Wir denken, dass eine Beschäftigung mit dem »Büro«, seinen Aktivitäten und Ansätzen, auch heute noch von großem Interesse ist, gerade auch die Entwicklung von der Grafik kommend, hin zu einer multimedialen Praxis im öffentlichen Raum.

Interview mit Kurt Jotter

Was bedeutet Grafikdesign, bzw. Gestaltung oder Kommunikationsdesign?

K.J.: Design ist mir ein zu schwammiger Begriff, es geht mir mehr um den Begriff der »Brennpunktgestaltung«, d.h. wie arbeite ich das Wesen der Dinge heraus und alles andere ordnet sich dem dann unter.
Ausgehend vom Grundbegriff Grafik, ist es eine starke Vereinfachung von komplexen Verhältnissen, d.h. z.B. auch die rein empirische, statistische Grafik ist ja eine Reduzierung von gesellschaftlichen Phänomenen auf ein paar Punkte oder Kurven.
Dieses, transformiert auf die Grafik im Kunstbereich, bedeutet, dass man versucht, die Dinge auf einen Punkt hin zuzuspitzen, die Aussage herauszuarbeiten, die einem essentiell erscheint. Also ein konzentrierter Ausschnitt aus der Realität, der aber trotzdem alle Merkmale der Realität in sich birgt. Insofern ist eine Grafik eine Überhöhung im Gegensatz zur Realität oder z.B. der Fotorealität. Aber in dem Moment, wo ich dann die Fotorealität auseinanderschneide und in einer Fotomontage zusammensetze, mache ich auch wieder einen gestalterischen Eingriff und versuche, das Bild so zu gestalten, dass die Verhältnisse deutlicher werden, bzw. meine Interpretation klarer wird. Aber natürlich kann auch ein Foto einen hohen grafischen Brennpunkt-Wert als eigenständige Kraft besitzen – vermittelt über den Ausschnitt, die Bildaufteilung und vor allem auch über das ungeheure Potential der Moment-Fixierung.

Und Kunst, das ist doch auch ein sehr schwammiger Begriff?

K.J.: Ja, das ist so. Deshalb sage ich auch immer: Politik ist in erster Linie die Kunst ihrer Vermittlung. Kunst ist ein sehr weites Feld. Kunst heißt immer, dass man in der Lage ist, über eingefahrene Wege hinaus zu gehen, neue Wege zu beschreiten, kreativ oder spielerisch zu sein, der Phantasie einen großen Stellenwert einzuräumen, das Leben zu bereichern und Aha-Erlebnisse zu organisieren. Das ist dann im weitesten Sinne natürlich alles »eine ganz schöne Kunst«. Ich halte es für falsch, den Kunstbegriff auf den Marktwert zu reduzieren, den Kunstverwalter aus den Maschen einzelner Künstler zu stricken.

»Plakat Nr.3 Markenzeichen 1977 Herausgegeben von FDGÖ...«

Hältst du denn heute noch das Plakat für ein geeignetes Medium, um dieses zu erreichen?

K.J.: Das würde ich in jedem Fall sagen. Es ist ja immer so, dass einfachere oder alte Medien wegen der neuen Medien totgesagt werden. Diese Verlagerung hat nicht stattgefunden. Wenn man sich das Stadtbild anschaut, da sind ja im wesentlichen mehr Plakatflächen entstanden, die genutzt werden. Genauso, wie man die Zeitungen oft totgesagt hat und diese aber nach wie vor gekauft werden, als Ergänzung zum Fernsehen oder anderen Medien. Das Plakat wird weiterhin seinen Stellenwert haben, man sieht es ja auch in der Parteienwerbung während des Wahlkampfes, da wird großen Wert darauf gelegt, mit möglichst wirksamen Plakaten in der Öffentlichkeit präsent zu sein. Von daher gehe ich eigentlich davon aus, dass das Plakat als die reduzierteste und klarste Form einer Botschaft nach wie vor einen hohen Stellenwert haben wird.

Wie hat sich bei Euch die »Auftragslage« hierfür entwickelt?

K.J.: Das war immer bewegungsabhängig. Wenn viel los war, die Bewegungen stark waren, gab es auch immer eine starke Nachfrage. Wir sind dann eigentlich immer mehrgleisig gefahren: manche Plakate waren Auftragsarbeiten, manche haben wir selber produziert, und die waren dann für den Verkauf. Diese hatten kein Ereignis zum Anlass, sondern ein Thema. Ich habe viele Plakate entwickelt, für Initiativen, die z.B. gegen die Berufsverbote, Atomkraft, Polizeiübergriffe aktiv waren. Später in der Häuserkampfzeit war auch das Medium des Aufklebers sehr gefragt, der Aufkleber als ein Miniplakat, was alle besser verbreiten konnten.

Wie sind die Plakate verteilt worden, sind sie z.B. auch auf Demonstrationen getragen worden?

K.J.: Zum Teil ja, aber eigentlich immer weniger, weil wir Transparente so professionell wie möglich mittels Episcope gemacht, also die Aufkleber einfach vergrößert haben. Natürlich kann man auch Plakate auf Demonstrationen tragen, als Sandwich oder so, das ist aber dann doch meist recht hinderlich und nicht mediumgerecht. Man muß immer zu dem jeweiligen Ereignis das richtige Medium finden. Ein Bildtransparent macht einfach einen anderen Eindruck als ein Sandwich auf einer Demonstration.

Du sagtest vorhin, dass du auch Plakate verkauft hast. War das irgendwann eine Frage, ob das legitim ist, über die politischen Inhalte Geld zu verdienen, oder war das eher eine Selbstverständlichkeit?

K.J.: Das war schon eigentlich eine Selbstverständlichkeit. Und die Plakate waren ja auch nicht teuer, ich habe die schwarz/weißen am Anfang für zwei Mark und die Vierfarb-Plakate für vier Mark fünfzig verkauft. So war das alles in einem portmoneefreundlichen Bereich, so dass die Leute oft mehr als nur eins gekauft haben. Die haben auch manchmal gefragt wohin das Geld geht, woraufhin ich dann sagte, »na zu mir!« – »Ja, und was machst du mit dem Geld?« – »ja ich mach damit natürlich auch andere Plakate für Veranstaltungen, die nichts kosten.« Mit der Zeit war ich ja auch als jemand bekannt, der dazu gehörte, und so tauchte die Frage immer weniger auf.
Die Finanzierung war damit klar: Eigenfinanzierung und Finanzierung der Arbeit, die man für Initiativen macht, die kein Budget haben.
Später nach der Gründung von FDGÖ war's schon ein Problem, weil es natürlich schwieriger ist, mit vielen davon leben zu können. Wir haben zwar mehr

Berlin 1997 – Die Mauer wird geöffnet

Der Senator und die Polizei

Plakate machen können, aber wir hatten auch eine Fabriketage, die einiges kostete, und das Geld wurde immer weniger und weniger. Es war schwierig, den Initiativen klar zu machen, wie hoch der Aufwand und der Stellenwert dieser Arbeit überhaupt war. Auf der einen Seite zahlten sie den Drucker, da fragt nämlich niemand »kannst mir das umsonst machen, weil ich so wichtig bin«, der Drucker ist also klar, der Setzer kostet Geld, der Buchbinder kostet Geld und warum soll gerade der Künstler, der Gestalter kein Geld dafür bekommen?

Auch ökonomisch gesehen: man gibt viel Geld für den Druck eines Plakates aus, warum soll man an der Gestaltung sparen, man hat alles bezahlt, den Druck, das Papier, die Farbe, aber das Teil sieht dann vielleicht so schlimm aus, dass es sich niemand anschauen will, weil es nur ein blöder Fleck in der Straße ist. Dann hat man auch eine Fehlinvestition gemacht.

Das Verständnis, dass Künstler eben nicht nur von Luft und den Musen leben können, war bei den Initiativen schwer durchzusetzen. Aber für mich hat das dann später nicht mehr eine so große Rolle gespielt, ich wollte ja auch nicht Grafiker und Plakatkünstler wie Staeck und andere werden. Für mich war die Kunst immer nur ein Mittel zum Zweck, gesellschaftliches Bewusstsein und Veränderungen schaffen zu helfen. Die Reduzierung der Kunst auf das Berufsbild eines Künstlers, der sich auf eine künstlerische Technik spezialisiert, wäre meinem Anspruch auf umfassende Veränderungen in wichtigen gesellschaftlichen Bereichen nicht gerecht geworden.

Wie hat sich das dann entwickelt, also weg von der Plakatgestaltung hin zu diesen multimedialen Geschichten, von dem Zweidimensionalen hin zum Mehrdimensionalen?

K.J.: Bereits 1984 haben wir mit Unterstützung der Internationalen Bauausstellung das Videotheater »Relation Chips« realisiert. Das war eine 75 minütige Collage auf zwei Videokanälen auf mehreren Monitoren als Bühnenelementen – als Pervertierung der Mediengesellschaft.

Allerdings konnte es aus technischen Gründen nur in der Zurückgezogenheit eines Veranstaltungsraumes stattfinden.

Im öffentlichen Raum fing dies erst mit einem größeren Auftrag für den Berliner Mieterverein an. Wir hatten schon vorher Plakate für den Verein gemacht, gegen die Aufhebung der Mietpreisbindung. Dann machten wir eine Kampagne zum weißen Kreis mit der Idee, über Diaprojektoren Bilder an die Hauswände und Brandmauern zu projizieren (»Berlin wird helle«). Einige Dias waren natürlich auch wie Großplakate, die Grundidee war aber in dem Fall, die Häuser zu verändern. Da hatten wir z.B. auf ein Haus, vor dem ein Gerüst stand, ein Dia projiziert, wo nur Schatten- Menschen mit Transparenten drauf waren. Das sah so aus, als ob total viele Leute auf dem Gerüst stehen und transparente halten – eine ganz einfache Simulation. Oder Leute gucken aus Fenstern, die nicht wirklich da sind, sondern nur als Lichtbild. Das war der Anfang von dem, was wir dann auch Realmontage, im Gegensatz zur Fotomontage, genannt haben.

Dann ging es weiter damit, dass das auch eine zeitliche Dynamik bekommen sollte, also nicht nur die dreidimensionale. So sind wir dann zur Aktion auf der Straße gekommen. Aktionskunst oder Aktionstheater im öffentlichen Raum sozusagen, wo es dann mit der Zeit immer mehr darauf ankam, die Leute auf der Straße zu konfrontieren und mit einzubeziehen.

Das Lachen im Halse
...oder von der KUNST des Überlebens zwischen Ruinen

1. Clown Dada läßt grüßen.

Es hat etwas zutiefst Befreiendes an sich, Köpfe, Arme, Beine, Requisiten, Wörter, Symbole und Kulissen aus dem gewohnten Zusammenhang der herrschenden Präsentation herauszuschneiden; auf einem Blatt vor sich herumzuschieben, bis es paßt, bis es so aussieht, wie man selbst die Zusammenhänge sieht.

Es erfordert ein hohes Maß an Gefühl und Wissen über die herrschende Ordnung, über das ästhetische Prinzip der Gestaltung hinaus, anknüpfen muß an die Lente anzusprechen, wenn man, um die Leute anzusprechen, an ihre Sehgewohnheiten und Sehbedürfnisse, um diese zu verändern —anknüpfen muß an die Präsentation jener Warenwelt, grundordentlichen Warenwelt, ach so heilen grundordentlichen Warenwelt, um diese abzutasten.

Die Dialektik von Destruktion und Konstruktion — konstruktiver Destruktivismus.

Der Agitationswert setzt sich zusammen aus dem Informationswert und dem Unterhaltungswert.

— Es muß ein Lachen entstehen.
— Es muß im Halse steckenbleiben.
— Es muß Betroffenheit erzeugen.

Aber das Lachen ist wichtig. Es gibt so etwas schön erhabenes, über seine Beherrscher zu lachen, über seine Peiniger. Schließlich wird es ein Lachen sein, das sie begräbt.

Es ist eine ganz schöne KUNST, die Leute anzusprechen mit dem, was man auf dem Herzen hat und im Schilde führt. POLITIK ist immer in erster Linie die Kunst ihrer Vermittlung.

2. Die Puppen tanzen lassen oder die Dramaturgie der Fotomontage.

In Theater und Kabarett agieren Personen. Sie verhalten sich zueinander. Sie sind kostümiert, geschminkt oder tragen Masken.

Sie sind ausgestattet und umgeben mit Requisiten und Symbolen. Sie bewegen sich in Kulissen. Die Fotomontage ist ein Schnappschuß hiervon. Der Monteur ist alles in einem: Regisseur, Kostümbildner, Maskenbildner, Requisiteur, Bühnenbildner, Kulissenschieber und Handwerker. Grundlage ist sein Archiv, seine Bildquellen, die unzählig bildlich dokumentierte Umwelt.

Die Fotomontage verzichtet auf die lebendige Präsentation von Bildern und wirft damit auch die Fessel ab, die das lebendige Me-

dium Mensch in seinen Darstellungsmöglichkeiten einengt.

Sie arbeitet mit toten Dingen, die ohne eigene Gesetzmäßigkeit sind, die alles mit sich machen lassen. Was dabei herauskommt ist möglicherweise eine riesige Faust, die gerade einen Tyrannen zerknüllt oder eine Bulle, der in einem Mercedesstern einen Spagat macht. Übrigens: hast du schon mal einen Bullen dazu gekriegt, in einem Mercedesstern einen Spagat zu machen?

Es ist die beliebige Variierbarkeit von Proportion und Perspektive, von Raum und Zeit — und trotzdem bleibt beim Betrachter ein Gefühl von Authentizität, daß es vielleicht doch so sein könnte, auch wenn die Darstellung noch so unwirklich erscheint.

Aber das Konzentrat und der Brennpunkt von Wirklichkeit haben ihre eigenen optischen Gesetze. Das Wesen der Dinge kennt andere Proportionen, als wie sich in Zentimetern der Kopf zum Körper verhält.

3. Montieren kann jeder.

Schere und Klebstoff sind volkstümlicher als Malerpinsel, Ölfarbe und Zeichenstift. Material zur Verarbeitung ist bis zum Überdruß vorhanden.

Kreativität in der Ausdehnung linker Öffentlichkeit ist unerläßlich für die politische Kunst im Sinne einer phantasievollen Militanz. Sie darf nicht nur einigen Spezialisten vorbehalten sein.

Montage ist ein geeignetes Mittel, um die mystische Größe jenes Abbilds zu zerbrechen, welches diejenigen Herrscher von sich ständig in ihren Medien uns vorhalten müssen, weil sie im grunde klein sind.

Montiert, was euch nicht paßt!

MARKENZEICHEN

gesetzlich geschützt

Montiert, was das Zeug hält!
Verfremdet die Warenwerbung!
Verfremdet die Medien, Ämter und Behörden!
Montiert euch eure Hampelmänner selbst!
Laßt die Puppen tanzen!
Unter die Schere mit den Geiern!
Onkel Heartfield wird auch im Grabe noch seine helle Freude daran haben.

4. Die Kunst an den Sümpfen

Wenn jemand in einem Sumpf steckt und du hättest das Bedürf-

nis, ihn herauszuholen, und du würdest Herrn Keuner fragen, wie man sich in einer solchen Situation am besten verhielte — dann würde dir Herr Keuner vielleicht folgendes antworten:

„Ein Ansatz wäre, sich selbst in den Sumpf zu begeben, um den Betroffenen sozusagen ‚von innen' herauszustemmen. Ein anderer Ansatz wäre, sich möglichst weit weg, womöglich auf den nächsten Berg zu stellen, um ja nicht in Gefahr zu kommen, selbst in den Sumpf zu geraten, und dem Betroffenen lautstark zuzurufen: Hilleherr! Der dritte Ansatz wäre, die Gefahr auf sich zu nehmen und so nahe wie möglich an den Sumpf heranzugehen, sorgfältig abzutasten, wo das Ufer aufhört und der Sumpf beginnt, und dem Betroffenen eine Hand, einen Stock oder ein Seil zu reichen. Dieses letztere wäre wohl die einzige Möglichkeit, zugleich aber auch eine ganz schöne Kunst, und jetzt mal ehrlich, mein Freund," würde Herr Keuner möglicherweise fortfahren, „Bist du denn wirklich schon außerhalb des Sumpfes?"

5. Kreatives Wachstum

In einer ruinierten Gesellschaft suchen wir in den Ruinen nach Winkeln, in denen neues Wachstum, Wärme und Verständigung möglich ist. Im Abtragen der Trümmer der Industriekultur erkennen wir das Prinzip ihres Aufbaus als Montage ihrer Erfindungen. Das Finden neuer Wege zwischen Traum und Wirklichkeit, Chaos und Ordnung, Zufall und Kalkül kann für uns nur die reale Montage unserer Visionen und Träume bedeuten.

6. Erster Vorschlag zur notwendigen Neuauflage der Energiedebatte:

Alle Wärme geht vom Menschen aus. Der Rest kommt von der Sonne.

Kurt
Berlin, April 77
Juli 80

Dann habt ihr diese »4 Punkte zum Gelingen einer Aktion« entwickelt...

K.J.: Na ja, diese vier Punkte haben sich eigentlich erst im nachhinein ergeben, das war erst einmal keine strategische Form, mit der wir im Vorfeld agiert haben. Die sind in der Bewältigung der Probleme entstanden. Wir hatten diese Aktionen, z.B. die Mauer anlässlich der Kreuzberger Abriegelung beim Reagan Besuch, ja nie geprobt. Die Aktionen waren immer Übung, Generalprobe und Aufführung in einem. Und dann stellte sich in der Kritik heraus, was man gut gemacht, was man falsch gemacht hatte, bzw. was man hätte besser machen können; welcher Aspekt ist unter die Räder gekommen, oder welcher ist zuviel beachtet worden. Daraus haben sich Kriterien ergeben, die wir dann zu diesen »vier Punkte« erklärt haben: die Aktion selbst und ihre Planung im Vorfeld, dann als nächstes, sagen wir mal das gute Gefühl, dass die Leute sich in ihrer Rolle gut fühlen, die sie bei der Aktion einnehmen. Das Gefühl, was bewirkt zu haben, ist ja enorm wichtig für die Entwicklung des Selbstwertgefühles.

Dann war eine wichtige Frage, wie es bei den Passanten ankommt. Wird es missverstanden, wird es richtig verstanden, klappt die Irritation, die vielleicht beabsichtigt war, z.B. bei der ersten antimilitaristischen Jubelparade, wo ein Militarist zunächst mitjubelnd am Rande steht und erst später merkt, hier werde ich ja verarscht. Und der vierte Punkt, der bei uns recht umstritten war, war die ganze Pressearbeit, die Dimension der Medien.

Warum war die Pressearbeit umstritten?

K.J.: Die Aktionen waren ja so konzipiert, dass sie auch die verschiedenen Medien bedienen sollten: die Fotografen mussten gute Fotos kriegen, der Rundfunkjournalist musste einen guten O-Ton haben, der mehr war als eine einfache Rede, die Filmleute mussten ihre bewegten Bilder bekommen, und der Zeitungsjournalist musste sein Material haben, diverse Dokumente, etc.

Umstritten war das manchmal, weil wir auch Aktionen gemacht haben, die extrem presselastig waren und die Aktion an sich dadurch ein wenig vernachlässigt haben. Beim nächsten Mal haben wir den Schwerpunkt auf die Aktion gelegt, und die Presse kam dann ein wenig zu kurz. So haben wir langsam gelernt und die vier Punkte entwickelt, die ausgewogen sein müssen, um eine Aktion zum Gelingen zu bringen. Das heißt natürlich auch

Mitte der 90iger Jahre: Aktion im Rahmen eines Bundesweiten Arbeitslosen-Workshops, die in vielen Städten wiederholt wurde

nicht, dass dann alles immer klappt. Wie unser Name ja schon sagt »Büro für ungewöhnlich Maßnahmen«, – es war immer etwas Neues und im Prozess Befindliches, das gezielte Experiment war Programm, und alle »Nebenwirkungen« waren im Vorfeld nicht absehbar. Entscheidend ist aber, dass es allen Spaß gemacht hat und für viele wichtige Impulse von dieser Arbeit ausgegangen sind. Das hat sich über die langjährige praktische Arbeit hier in Berlin realisiert – aber auch durch viele Work shops in anderen Städten, die wir immer noch anbieten, zusammen mit unserer äußerst unterhaltsamen Video-Werkschau etc.

Das Interview führten Sandy K. und Holger Bedurke in Berlin am 3.9.1998

Impressum:

Herausgeber:
Neue Gesellschaft für Bildende Kunst
Oranienstr. 25, 10999 Berlin
Tel: 030/615 30 31
Fax: 030/615 22 90

NGBK / Arbeitsgruppe »engagement & grafik«:
Holger Bedurke, Ina Beyer, Hae-Lin Choi,
Birgit Krug, Ralf Mueller v.d. Haegen,
Sandy K., Rebecca Forner, Silke Veth

Konzeption, Redaktion und Gestaltung:
Sandy K., Holger Bedurke

Übersetzungen:
Odile Kennel, Michael Schramm, Holger Bedurke

ISBN 3-926796-62-6

© NGBK / für die Texte / Interviews bei den
AutorInnen, für die Abbildungen
und Fotos bei den UrheberInnen / Abdruck nach
Absprache erwünscht
© (Cover Bild/Heartfield) The Community of Heirs /
VG Bild-Kunst, Bonn 2000

Präsidium:
Bianca Bon, Albert Eckert, Karin Nottmeyer
Geschäftsführung: Leonie Baumann
Geschäftsstelle: Gisela Gnoss-Yavuz
Matthias Reichelt, Hartmut Reith, Maria Wegner

Belichtungen: Satzart
Druck: Druckhaus am Treptower Park
Auflage: 1000
Berlin, April 2000

Vertrieb für den Buchhandel
vice versa, Gabriela Wachter Berlin

Die NGBK, Berlin, dankt der Senatsverwaltung für
Wissenschaft, Forschung und Kultur für die Förderung und der Stiftung Deutsche Klassenlotterie Berlin
für die Finanzierung des Projektes
Mit freundlicher Unterstützung
des Institut Français de Berlin und der
Kunsthochschule Berlin Weissensee